TRANZLATY

La Langue est pour tout le Monde

le Monde

Dil herkes içindir

Le Manifeste Communiste

Komünist Manifesto

Karl Marx
&
Friedrich Engels

Français / Türkçe

Published by Tranzlaty

ISBN: 978-1-80572-380-6

Original text by Karl Marx and Friedrich Engels

The Communist Manifesto

First published in 1848

www.tranzlaty.com

Introduction
Giriş

Un spectre hante l'Europe : le spectre du communisme
Avrupa'ya bir hayalet musallat oluyor - Komünizm hayaleti
Toutes les puissances de la vieille Europe ont conclu une sainte alliance pour exorciser ce spectre
Eski Avrupa'nın tüm güçleri, bu hayaleti kovmak için kutsal bir ittifaka girdiler
Le pape et le tsar, Metternich et Guizot, les radicaux français et les espions de la police allemande
Papa ve Çar, Metternich ve Guizot, Fransız Radikalleri ve Alman polis casusları
Où est le parti dans l'opposition qui n'a pas été décrié comme communiste par ses adversaires au pouvoir ?
İktidardaki muhalifleri tarafından Komünist olarak kınanmayan muhalefetteki parti nerede?
Où est l'opposition qui n'a pas rejeté le reproche de marque du communisme contre les partis d'opposition les plus avancés ?
Daha ileri muhalefet partilerine karşı Komünizmin damgasını vurmayan Muhalefet nerede?
Et où est le parti qui n'a pas porté l'accusation contre ses adversaires réactionnaires ?
Ve gerici hasımlarına karşı suçlamada bulunmayan parti nerede?
Deux choses résultent de ce fait
Bu gerçekten iki şey ortaya çıkar
I. Le communisme est déjà reconnu par toutes les puissances européennes comme étant lui-même une puissance
I. Komünizm, tüm Avrupa güçleri tarafından kendisinin bir güç olduğu kabul edilmiştir
II. Il est grand temps que les communistes publient ouvertement, à la face du monde entier, leurs vues, leurs buts et leurs tendances

II. Komünistlerin görüşlerini, amaçlarını ve eğilimlerini tüm dünyanın gözü önünde açıkça yayınlamalarının zamanı gelmiştir

ils doivent répondre à ce conte enfantin du spectre du communisme par un manifeste du parti lui-même

Komünizm Hayaleti'nin bu çocuk masalını partinin kendisinin bir Manifestosu ile karşılamalılar.

À cette fin, des communistes de diverses nationalités se sont réunis à Londres et ont esquissé le manifeste suivant

Bu amaçla, çeşitli milliyetlerden komünistler Londra'da toplandılar ve aşağıdaki Manifesto'yu çizdiler

ce manifeste sera publié en anglais, français, allemand, italien, flamand et danois

bu manifesto İngilizce, Fransızca, Almanca, İtalyanca, Flamanca ve Danca dillerinde yayınlanacaktır

Et maintenant, il doit être publié dans toutes les langues proposées par Tranzlaty

Ve şimdi Tranzlaty'nin sunduğu tüm dillerde yayınlanacak

Les bourgeois et les prolétaires
Burjuvalar ve Proleterler

L'histoire de toutes les sociétés qui ont existé jusqu'à présent est l'histoire des luttes de classes
Şimdiye kadar var olan tüm toplumların tarihi, sınıf mücadelelerinin tarihidir

Homme libre et esclave, patricien et plébéien, seigneur et serf, maître de guilde et compagnon
Hür ve köle, aristokrat ve pleb, lord ve serf, lonca ustası ve kalfa

en un mot, oppresseur et opprimé
tek kelimeyle, ezen ve ezilen

Ces classes sociales étaient en opposition constante les unes avec les autres
Bu sosyal sınıflar sürekli olarak birbirlerine karşı duruyorlardı

Ils se sont battus sans interruption. Maintenant caché, maintenant ouvert
Kesintisiz bir mücadele sürdürdüler. Şimdi gizli, şimdi açık

un combat qui s'est terminé par une reconstitution révolutionnaire de la société dans son ensemble
ya toplumun genel olarak devrimci bir şekilde yeniden kurulmasıyla sonuçlanan bir kavga

ou un combat qui s'est terminé par la ruine commune des classes en lutte
ya da çatışan sınıfların ortak yıkımıyla sonuçlanan bir kavga

Jetons un coup d'œil aux époques antérieures de l'histoire
Tarihin daha önceki dönemlerine bakalım

Nous trouvons presque partout un arrangement compliqué de la société en divers ordres
Hemen hemen her yerde, toplumun çeşitli düzenler halinde karmaşık bir şekilde düzenlendiğini görüyoruz

Il y a toujours eu une gradation multiple du rang social
Her zaman çok yönlü bir sosyal rütbe derecesi olmuştur

Dans la Rome antique, nous avons des patriciens, des chevaliers, des plébéiens, des esclaves

Antik Roma'da patrisyenler, şövalyeler, plebler, köleler var

au Moyen Âge : seigneurs féodaux, vassaux, maîtres de corporation, compagnons, apprentis, serfs

Orta Çağ'da: feodal beyler, vasallar, lonca ustaları, kalfalar, çıraklar, serfler

Dans presque toutes ces classes, encore une fois, les gradations subordonnées

Bu sınıfların hemen hepsinde, yine, alt dereceler

La société bourgeoise moderne est née des ruines de la société féodale

Modern Burjuva toplumu, feodal toplumun yıkıntılarından filizlenmiştir

Mais ce nouvel ordre social n'a pas fait disparaître les antagonismes de classe

Ancak bu yeni toplumsal düzen, sınıf karşıtlıklarını ortadan kaldırmadı

Elle n'a fait qu'établir de nouvelles classes et de nouvelles conditions d'oppression

Sadece yeni sınıflar ve yeni baskı koşulları yarattı

Il a mis en place de nouvelles formes de lutte à la place des anciennes

Eskilerin yerine yeni mücadele biçimleri kurmuştur

Cependant, l'époque dans laquelle nous nous trouvons possède un trait distinctif

Bununla birlikte, kendimizi içinde bulduğumuz çağın ayırt edici bir özelliği vardır

l'époque de la bourgeoisie a simplifié les antagonismes de classe

Burjuvazi çağı, sınıf karşıtlıklarını basitleştirdi

La société dans son ensemble se divise de plus en plus en deux grands camps hostiles

Toplum bir bütün olarak giderek iki büyük düşman kampa bölünüyor

deux grandes classes sociales qui se font directement face : la bourgeoisie et le prolétariat

doğrudan karşı karşıya gelen iki büyük toplumsal sınıf:
Burjuvazi ve Proletarya

Des serfs du Moyen Âge sont sortis les bourgeois agréés des premières villes

Orta Çağ'ın serflerinden, en eski şehirlerin imtiyazlı kasabalıları ortaya çıktı

C'est à partir de ces bourgeois que se sont développés les premiers éléments de la bourgeoisie

Bu burgeslerden Burjuvazinin ilk unsurları geliştirildi

La découverte de l'Amérique et le contournement du Cap

Amerika'nın keşfi ve Cape'in yuvarlanması

ces événements ont ouvert un nouveau terrain à la bourgeoisie montante

bu olaylar yükselen burjuvazi için yeni bir zemin açtı

Les marchés des Indes orientales et de la Chine, la colonisation de l'Amérique, le commerce avec les colonies

Doğu-Hindistan ve Çin pazarları, Amerika'nın sömürgeleştirilmesi, sömürgelerle ticaret

l'augmentation des moyens d'échange et des marchandises en général

Değişim araçlarındaki ve genel olarak metalardaki artış

Ces événements donnèrent au commerce, à la navigation et à l'industrie une impulsion jamais connue jusque-là

Bu olaylar ticarete, denizciliğe ve endüstriye daha önce hiç bilinmeyen bir ivme kazandırdı

Elle a donné un développement rapide à l'élément révolutionnaire dans la société féodale chancelante

sendeleyen feodal toplumdaki devrimci unsura hızlı bir gelişme sağladı

Les guildes fermées avaient monopolisé le système féodal de la production industrielle

Kapalı loncalar, feodal endüstriyel üretim sistemini tekelleştirmişti

Mais cela ne suffisait plus aux besoins croissants des nouveaux marchés

Ancak bu, yeni pazarların artan istekleri için artık yeterli değildi

Le système manufacturier a pris la place du système féodal de l'industrie

Üretim sistemi, feodal sanayi sisteminin yerini aldı

Les maîtres de guilde étaient poussés d'un côté par la classe moyenne manufacturière

Lonca ustaları, manüfaktür orta sınıfı tarafından bir tarafa itildi

La division du travail entre les différentes corporations a disparu

Farklı şirket loncaları arasındaki işbölümü ortadan kalktı

La division du travail s'infiltrait dans chaque atelier

İş bölümü her bir atölyeye nüfuz etti

Pendant ce temps, les marchés ne cessaient de croître et la demande ne cessait d'augmenter

Bu arada, pazarlar sürekli büyümeye ve talep artmaya devam etti

Même les usines ne suffisaient plus à répondre à la demande

Fabrikalar bile artık talepleri karşılamaya yetmiyordu

À partir de là, la vapeur et les machines ont révolutionné la production industrielle

Bunun üzerine buhar ve makineler endüstriyel üretimde devrim yarattı

La place de fabrication a été prise par le géant de l'industrie moderne

Üretim yeri dev, Modern Endüstri tarafından alındı

La place de la classe moyenne industrielle a été prise par des millionnaires industriels

Endüstriyel orta sınıfın yerini sanayi milyonerleri aldı

la place de chefs d'armées industrielles entières ont été prises par la bourgeoisie moderne

bütün sanayi ordularının liderlerinin yerini modern burjuvazi aldı

la découverte de l'Amérique a ouvert la voie à l'industrie moderne pour établir le marché mondial

Amerika'nın keşfi, modern endüstrinin dünya pazarını kurmasının yolunu açtı

Ce marché donna un immense développement au commerce, à la navigation et aux communications par terre

Bu pazar, kara yoluyla ticaret, denizcilik ve iletişime muazzam bir gelişme sağladı

Cette évolution a, en son temps, réagi à l'extension de l'industrie

Bu gelişme, zamanında, sanayinin genişlemesine tepki gösterdi

elle a réagi proportionnellement à l'expansion de l'industrie et à l'extension du commerce, de la navigation et des chemins de fer

Sanayinin nasıl genişlediği ve ticaretin, navigasyonun ve demiryollarının nasıl genişlediği ile orantılı olarak tepki verdi

dans la même proportion que la bourgeoisie s'est développée, elle a augmenté son capital

Burjuvazinin geliştiği oranda, sermayelerini artırdılar

et la bourgeoisie a relégué à l'arrière-plan toutes les classes héritées du Moyen Âge

ve Burjuvazi, Orta Çağ'dan kalan her sınıfı geri plana itti

c'est pourquoi la bourgeoisie moderne est elle-même le produit d'un long développement

bu nedenle modern burjuvazinin kendisi uzun bir gelişme sürecinin ürünüdür

On voit qu'il s'agit d'une série de révolutions dans les modes de production et d'échange

Bunun, üretim ve değişim tarzlarında bir dizi devrim olduğunu görüyoruz

Chaque étape du développement de la bourgeoisie s'accompagnait d'une avancée politique correspondante

Burjuvazinin her kalkınmacı adımına, buna karşılık gelen bir siyasi ilerleme eşlik etti

Une classe opprimée sous l'emprise de la noblesse féodale

Feodal soyluların egemenliği altında ezilen bir sınıf
Une association armée et autonome dans la commune médiévale
Ortaçağ komününde silahlı ve kendi kendini yöneten bir dernek
ici, une république urbaine indépendante (comme en Italie et en Allemagne)
burada bağımsız bir kentsel cumhuriyet (İtalya ve Almanya'da olduğu gibi)
là, un « tiers état » imposable de la monarchie (comme en France)
orada, monarşinin vergilendirilebilir bir "üçüncü mülkü" (Fransa'da olduğu gibi)
par la suite, dans la période de fabrication proprement dite
daha sonra, uygun üretim döneminde
la bourgeoisie servait soit la monarchie semi-féodale, soit la monarchie absolue
Burjuvazi ya yarı-feodal ya da mutlak monarşiye hizmet etti
ou bien la bourgeoisie faisait contrepoids à la noblesse
ya da Burjuvazi soylulara karşı bir denge unsuru olarak hareket etti
et, en fait, la bourgeoisie était une pierre angulaire des grandes monarchies en général
ve aslında Burjuvazi genel olarak büyük monarşilerin köşe taşıydı
mais l'industrie moderne et le marché mondial se sont établis depuis lors
ama Modern Sanayi ve dünya pazarı o zamandan beri kendini kanıtladı
et la bourgeoisie s'est emparée de l'emprise politique exclusive
ve Burjuvazi kendisi için özel siyasi egemenliği fethetti
elle a obtenu cette influence politique à travers l'État représentatif moderne
bu siyasi hakimiyeti modern temsili Devlet aracılığıyla elde etti

Les exécutifs de l'État moderne ne sont qu'un comité de gestion

Modern devletin yöneticileri sadece bir yönetim komitesidir

et ils gèrent les affaires communes de toute la bourgeoisie

ve tüm burjuvazinin ortak işlerini yönetirler

La bourgeoisie, historiquement, a joué un rôle des plus révolutionnaires

Burjuvazi, tarihsel olarak, en devrimci rolü oynamıştır

Partout où elle a pris le dessus, elle a mis fin à toutes les relations féodales, patriarcales et idylliques

Üstünlüğü ele geçirdiği her yerde, tüm feodal, ataerkil ve pastoral ilişkilere son verdi

Elle a impitoyablement déchiré les liens féodaux hétéroclites qui liaient l'homme à ses « supérieurs naturels »

İnsanı "doğal üstünlerine" bağlayan rengarenk feodal bağları acımasızca parçaladı

et il n'y a plus de lien entre l'homme et l'homme, si ce n'est l'intérêt personnel

ve insanla insan arasında, çıplak kişisel çıkar dışında hiçbir bağ bırakmamıştır

Les relations de l'homme entre eux ne sont plus qu'un « paiement en espèces » impitoyable

İnsanın birbiriyle olan ilişkileri, duygusuz bir "nakit ödeme"den başka bir şey değildir

Elle a noyé les extases les plus célestes de la ferveur religieuse

Dinsel coşkunun en ilahi coşkusunu boğdu

elle a noyé l'enthousiasme chevaleresque et le sentimentalisme philistin

şövalye coşkusunu ve dar kafalı duygusallığı boğdu

Il a noyé ces choses dans l'eau glacée du calcul égoïste

Bu şeyleri bencil hesaplamanın buzlu suyunda boğdu

Il a transformé la valeur personnelle en valeur échangeable

Kişisel değeri değiştirilebilir değere dönüştürdü

elle a remplacé les innombrables et inaliénables libertés garanties par la Charte

sayısız ve uygulanamaz imtiyazlı özgürlüklerin yerini aldı

**et il a mis en place une liberté unique et inadmissible ;
Libre-échange**

ve tek, vicdansız bir özgürlük kurmuştur; Serbest Ticaret

En un mot, il l'a fait pour l'exploitation

Tek kelimeyle, bunu sömürü için yaptı

**Une exploitation voilée par des illusions religieuses et
politiques**

Dini ve siyasi yanılsamalarla örtülmüş sömürü

**l'exploitation voilée par une exploitation nue, éhontée,
directe, brutale**

çıplak, utanmaz, doğrudan, acımasız sömürü ile örtülmüş
sömürü

**la bourgeoisie a enlevé l'auréole de toutes les occupations
jusque-là honorées et vénérées**

Burjuvazi, daha önce onurlandırılan ve saygı duyulan her
mesleğin üzerindeki haleyi sıyırdı

le médecin, l'avocat, le prêtre, le poète et l'homme de science

hekim, avukat, rahip, şair ve bilim adamı

**Il a converti ces travailleurs distingués en ses travailleurs
salariés**

Bu seçkin işçileri ücretli emekçilere dönüştürdü

La bourgeoisie a déchiré le voile sentimental de la famille

Burjuvazi aileden duygusal perdeyi yırttı

**et elle a réduit la relation familiale à une simple relation
d'argent**

ve aile ilişkisini sadece bir para ilişkisine indirgemiştir

**la brutale démonstration de vigueur au Moyen Âge que les
réactionnaires admirent tant**

Orta Çağ'da Gericilerin çok hayran olduğu acımasız canlılık
gösterisi

**Même cela a trouvé son complément approprié dans
l'indolence la plus paresseuse**

Bu bile en tembel tembellikte uygun tamamlayıcısını buldu

La bourgeoisie a révélé comment tout cela s'est passé

Burjuvazi tüm bunların nasıl gerçekleştiğini açıkladı

La bourgeoisie a été la première à montrer ce que l'activité de l'homme peut produire

Burjuvazi, insan etkinliğinin neler getirebileceğini ilk gösteren olmuştur

Il a accompli des merveilles surpassant de loin les pyramides égyptiennes, les aqueducs romains et les cathédrales gothiques

Mısır piramitlerini, Roma su kemerlerini ve Gotik katedralleri çok aşan harikalar yarattı

et il a mené des expéditions qui ont mis dans l'ombre tous les anciens Exodes des nations et les croisades

ve ulusların ve haçlı seferlerinin tüm eski Exodus'larını gölgede bırakan seferler düzenledi

La bourgeoisie ne peut exister sans révolutionner sans cesse les instruments de production

Burjuvazi, üretim araçlarını sürekli devrimcileştirmeden var olamaz

et par conséquent elle ne peut exister sans ses rapports à la production

ve bu nedenle üretimle ilişkileri olmadan var olamaz

et donc elle ne peut exister sans ses relations avec la société

ve bu nedenle toplumla ilişkileri olmadan var olamaz

Toutes les classes industrielles antérieures avaient une condition en commun

Daha önceki tüm sanayi sınıflarının ortak bir koşulu vardı

Ils s'appuyaient sur la conservation des anciens modes de production

Eski üretim tarzlarının korunmasına güveniyorlardı

mais la bourgeoisie a apporté avec elle une dynamique tout à fait nouvelle

ama burjuvazi beraberinde yepyeni bir dinamik getirdi

Révolution constante de la production et perturbation ininterrompue de toutes les conditions sociales

Üretimin sürekli devrimcileştirilmesi ve tüm toplumsal koşulların kesintisiz olarak bozulması

cette incertitude et cette agitation perpétuelles distinguent l'époque bourgeoise de toutes les époques antérieures

bu sonsuz belirsizlik ve çalkantı, burjuvazi çağını daha önceki tüm çağlardan ayırır

Les relations antérieures avec la production s'accompagnaient de préjugés et d'opinions anciens et vénérables

Üretimle önceki ilişkiler, eski ve saygıdeğer önyargılar ve görüşlerle geldi

Mais toutes ces relations figées et figées sont balayées d'un revers de main

Ancak tüm bu sabit, hızlı donmuş ilişkiler süpürüldü

Toutes les relations nouvellement formées deviennent archaïques avant de pouvoir s'ossifier

Tüm yeni kurulan ilişkiler, kemikleşmeden önce eskimiş hale gelir

Tout ce qui est solide se fond dans l'air, et tout ce qui est saint est profané

Katı olan her şey havaya karışır ve kutsal olan her şey dünyevileşir

L'homme est enfin forcé de faire face, avec des sens sobres, à ses conditions réelles de vie

İnsan sonunda ayık duyularla, gerçek yaşam koşullarıyla yüzleşmek zorunda kalır

et il est obligé de faire face à ses relations avec les siens

ve kendi türüyle olan ilişkileriyle yüzleşmek zorunda kalır

La bourgeoisie a constamment besoin d'élargir ses marchés pour ses produits

Burjuvazi, ürünleri için pazarlarını sürekli olarak genişletme ihtiyacı duyar

et, à cause de cela, la bourgeoisie est poursuivie sur toute la surface du globe

ve bu nedenle, Burjuvazi dünyanın tüm yüzeyinde kovalanır

La bourgeoisie doit se nicher partout, s'installer partout, établir des liens partout

Burjuvazi her yere yerleşmeli, her yere yerleşmeli, her yerde
bağlantılar kurmalıdır
**La bourgeoisie doit créer des marchés dans tous les coins du
monde pour exploiter**
Burjuvazi dünyanın her köşesinde sömürmek için pazarlar
yaratmalıdır
**La production et la consommation dans tous les pays ont
reçu un caractère cosmopolite**
Her ülkede üretim ve tüketime kozmopolit bir karakter
kazandırılmıştır
**le chagrin des réactionnaires est palpable, mais il s'est
poursuivi malgré tout**
Gericilerin üzüntüsü aşikardır, ancak ne olursa olsun devam
etmiştir
**La bourgeoisie a tiré de dessous les pieds de l'industrie le
terrain national sur lequel elle se trouvait**
Burjuvazi, üzerinde durduğu ulusal zemini sanayinin
ayaklarının altından çekmiştir
**Toutes les anciennes industries nationales ont été détruites,
ou sont détruites chaque jour**
Tüm eski ulusal endüstriler yok edildi ya da her gün yok
ediliyor
**Toutes les anciennes industries nationales sont délogées par
de nouvelles industries**
Tüm eski yerleşik ulusal endüstriler yeni endüstriler
tarafından yerinden edildi
**Leur introduction devient une question de vie ou de mort
pour toutes les nations civilisées**
Onların tanıtımı tüm uygar uluslar için bir ölüm kalım
meselesi haline gelir
**Ils sont délogés par les industries qui ne travaillent plus la
matière première indigène**
Artık yerli hammadde üretmeyen endüstriler tarafından
yerinden ediliyorlar
**Au lieu de cela, ces industries extraient des matières
premières des zones les plus reculées**

Bunun yerine, bu endüstriler hammaddeleri en uzak bölgelerden çekiyor

dont les produits sont consommés, non seulement chez nous, mais dans tous les coins du monde

Ürünleri sadece evde değil, dünyanın her çeyreğinde tüketilen endüstriler

À la place des anciens besoins, satisfaits par les productions du pays, nous trouvons de nouveaux besoins

Ülkenin üretimleriyle tatmin edilen eski isteklerin yerine yeni istekler buluyoruz

Ces nouveaux besoins exigent pour leur satisfaction les produits des pays et des climats lointains

Bu yeni ihtiyaçlar, tatmini için uzak diyarların ve iklimlerin ürünlerini gerektirir

À la place de l'ancien isolement et de l'autosuffisance locaux et nationaux, nous avons le commerce

Eski yerel ve ulusal inziva ve kendi kendine yeterlilik yerine, ticaret var

les échanges internationaux dans toutes les directions ; l'interdépendance universelle des nations

her yönde uluslararası değişim; Ulusların evrensel karşılıklı bağımlılığı

Et de même que nous sommes dépendants des matériaux, nous sommes dépendants de la production intellectuelle

Ve tıpkı malzemelere bağımlılığımız olduğu gibi, entelektüel üretime de bağımlıyız

Les créations intellectuelles des nations individuelles deviennent la propriété commune

Tek tek ulusların entelektüel yaratımları ortak mülk haline gelir

L'unilatéralité nationale et l'étroitesse d'esprit deviennent de plus en plus impossibles

Ulusal tek taraflılık ve dar görüşlülük giderek daha imkansız hale geliyor

et des nombreuses littératures nationales et locales, surgit une littérature mondiale

Ve sayısız ulusal ve yerel edebiyattan bir dünya edebiyatı ortaya çıkar

par l'amélioration rapide de tous les instruments de production

tüm üretim araçlarının hızlı bir şekilde gelişmesiyle

par les moyens de communication immensément facilités

son derece kolaylaştırılmış iletişim araçlarıyla

La bourgeoisie entraîne tout le monde (même les nations les plus barbares) dans la civilisation

Burjuvazi herkesi (en barbar ulusları bile) uygarlığa çeker

Les prix bon marché de ses marchandises ; l'artillerie lourde qui abat toutes les murailles chinoises

Emtialarının ucuz fiyatları; tüm Çin duvarlarını döven ağır toplar

La haine obstinée des barbares contre les étrangers est forcée de capituler

Barbarların yabancılara karşı yoğun inatçı nefreti teslim olmaya zorlanır

Elle oblige toutes les nations, sous peine d'extinction, à adopter le mode de production bourgeois

Yok olma tehlikesiyle karşı karşıya olan tüm ulusları Burjuva üretim tarzını benimsemeye zorlar

elle les oblige à introduire ce qu'elle appelle la civilisation en leur sein

onları, medeniyet dediği şeyi aralarına sokmaya zorlar

La bourgeoisie force les barbares à devenir eux-mêmes bourgeois

Burjuvazi, barbarları bizzat Burjuvazi olmaya zorluyor

en un mot, la bourgeoisie crée un monde à son image

tek kelimeyle, Burjuvazi kendi imgesine göre bir dünya yaratır

La bourgeoisie a soumis les campagnes à la domination des villes

Burjuvazi kırı kentlerin egemenliğine tabi kılmıştır

Il a créé d'énormes villes et considérablement augmenté la population urbaine

Muazzam şehirler yarattı ve kentsel nüfusu büyük ölçüde artırdı

Il a sauvé une partie considérable de la population de l'idiotie de la vie rurale

Nüfusun önemli bir bölümünü kırsal yaşamın aptallığından kurtardı

mais elle a rendu les ruraux dépendants des villes

ama kırsal kesimdekileri şehirlere bağımlı hale getirdi

et de même, elle a rendu les pays barbares dépendants des pays civilisés

Ve aynı şekilde, barbar ülkeleri medeni ülkelere bağımlı hale getirdi

nations paysannes sur nations bourgeoises, l'Orient sur Occident

Burjuvazinin ulusları üzerinde köylü ulusları, Batı'da Doğu

La bourgeoisie se débarrasse de plus en plus de l'éparpillement de la population

Burjuvazi, nüfusun dağınık durumunu giderek daha fazla ortadan kaldırıyor

Il a une production agglomérée et a concentré la propriété entre quelques mains

Aglomere üretime sahiptir ve birkaç elde yoğunlaşmış mülkiyete sahiptir

La conséquence nécessaire de cela a été la centralisation politique

Bunun zorunlu sonucu siyasi merkezileşmeydi

Il y avait eu des nations indépendantes et des provinces vaguement reliées entre elles

Bağımsız uluslar ve gevşek bir şekilde birbirine bağlı eyaletler vardı

Ils avaient des intérêts, des lois, des gouvernements et des systèmes d'imposition distincts

ayrı çıkarları, yasaları, hükümetleri ve vergilendirme sistemleri vardı

Mais ils ont été regroupés en une seule nation, avec un seul gouvernement

ama tek bir ulusta, tek bir hükümetle bir araya toplandılar

Ils ont maintenant un intérêt de classe national, une frontière et un tarif douanier

Artık tek bir ulusal sınıf çıkarı, tek bir sınır ve tek bir gümrük tarifesi var

Et cet intérêt de classe national est unifié sous un seul code de loi

Ve bu ulusal sınıf çıkarı tek bir hukuk kuralı altında birleştirilmiştir

la bourgeoisie a accompli beaucoup de choses au cours de son règne d'à peine cent ans

Burjuvazi yüz yıllık iktidarı boyunca çok şey başardı

forces productives plus massives et plus colossales que toutes les générations précédentes réunies

önceki nesillerin toplamından daha büyük ve devasa üretici güçler

Les forces de la nature sont soumises à la volonté de l'homme et de ses machines

Doğanın güçleri, insanın iradesine ve onun makinelerine boyun eğdirilmiştir

La chimie s'applique à toutes les formes d'industrie et à tous les types d'agriculture

Kimya, her türlü endüstriye ve tarım türüne uygulanır

la navigation à vapeur, les chemins de fer, les télégraphes électriques et l'imprimerie

buharlı navigasyon, demiryolları, elektrikli telgraflar ve matbaa

défrichement de continents entiers pour la culture, canalisation des rivières

ekim için tüm kıtaların temizlenmesi, nehirlerin kanalizasyonu

Des populations entières ont été extirpées du sol et mises au travail

Bütün nüfus topraktan çıkarıldı ve çalıştırıldı

Quel siècle précédent avait ne serait-ce qu'un pressentiment de ce qui pourrait être déchaîné ?

Daha önceki hangi yüzyılda, neyin serbest bırakılabileceğine dair bir önsezi vardı?

Qui aurait prédit que de telles forces productives sommeillaient dans le giron du travail social ?

Bu tür üretici güçlerin toplumsal emeğin kucağında uyukladığını kim tahmin edebilirdi?

Nous voyons donc que les moyens de production et d'échange ont été générés dans la société féodale

O zaman üretim ve değişim araçlarının feodal toplumda üretildiğini görüyoruz

les moyens de production sur la base desquels la bourgeoisie s'est construite

Burjuvazinin kendisini temeli üzerine inşa ettiği üretim araçları

À un certain stade du développement de ces moyens de production et d'échange

Bu üretim ve değişim araçlarının gelişmesinin belli bir aşamasında

les conditions dans lesquelles la société féodale produisait et échangeait

feodal toplumun üretim ve mübadele koşulları

L'organisation féodale de l'agriculture et de l'industrie manufacturière

Tarım ve imalat sanayiinin feodal örgütlenmesi

Les rapports féodaux de propriété n'étaient plus compatibles avec les conditions matérielles

Feodal mülkiyet ilişkileri artık maddi koşullarla bağdaşmıyordu

Ils devaient être brisés, alors ils ont été brisés

Parçalanmaları gerekiyordu, bu yüzden parçalandılar

À leur place s'est ajoutée la libre concurrence des forces productives

Onların yerine, üretici güçlerden serbest rekabet çıktı

et ils étaient accompagnés d'une constitution sociale et politique adaptée à celle-ci

Ve onlara buna uyarlanmış sosyal ve politik bir anayasa eşlik etti

et elle s'accompagnait de l'emprise économique et politique de la classe bourgeoise

ve buna Burjuva sınıfının ekonomik ve politik hakimiyeti eşlik etti

Un mouvement similaire est en train de se produire sous nos yeux

Benzer bir hareket gözlerimizin önünde devam ediyor

La société bourgeoise moderne avec ses rapports de production, d'échange et de propriété

Üretim, mübadele ve mülkiyet ilişkileriyle modern burjuva toplumu

une société qui a inventé des moyens de production et d'échange aussi gigantesques

Böylesine devasa üretim ve değişim araçları yaratmış bir toplum

C'est comme le sorcier qui a invoqué les puissances de l'au-delà

Cehennem dünyasının güçlerini çağıran büyücü gibidir

Mais il n'est plus capable de contrôler ce qu'il a mis au monde

Ama artık dünyaya getirdiklerini kontrol edemiyor

Pendant de nombreuses décennies, l'histoire a été liée par un fil conducteur

On yıl boyunca geçmiş tarih ortak bir iplikle birbirine bağlıydı

L'histoire de l'industrie et du commerce n'a été que l'histoire des révoltes

Sanayi ve ticaret tarihi, isyanların tarihi olmaktan başka bir şey değildir

Les révoltes des forces productives modernes contre les conditions modernes de production

Modern üretici güçlerin modern üretim koşullarına karşı isyanları

Les révoltes des forces productives modernes contre les rapports de propriété

Modern üretici güçlerin mülkiyet ilişkilerine karşı isyanları

ces rapports de propriété sont les conditions de l'existence de la bourgeoisie

bu mülkiyet ilişkileri burjuvazinin varoluş koşullarıdır

et l'existence de la bourgeoisie détermine les règles des rapports de propriété

ve Burjuvazinin varlığı mülkiyet ilişkilerinin kurallarını belirler

Il suffit de mentionner le retour périodique des crises commerciales

Ticari krizlerin dönemsel olarak geri döndüğünden bahsetmek yeterlidir

chaque crise commerciale est plus menaçante pour la société bourgeoise que la précédente

her ticari kriz Burjuva toplumu için bir öncekinden daha fazla tehdit edicidir

Dans ces crises, une grande partie des produits existants sont détruits

Bu krizlerde mevcut ürünlerin büyük bir kısmı yok oluyor

Mais ces crises détruisent aussi les forces productives créées précédemment

Ancak bu krizler daha önce yaratılmış üretici güçleri de yok eder

Dans toutes les époques antérieures, ces épidémies auraient semblé une absurdité

Daha önceki tüm çağlarda bu salgınlar bir saçmalık gibi görünürdü

parce que ces épidémies sont les crises commerciales de la surproduction

Çünkü bu salgınlar aşırı üretimin ticari krizleridir

La société se trouve soudain remise dans un état de barbarie momentanée

Toplum birdenbire kendini anlık bir barbarlık durumuna geri dönmüş bulur

comme si une guerre universelle de dévastation avait coupé tous les moyens de subsistance

Sanki evrensel bir yıkım savaşı her türlü geçim aracını kesmiş gibi

l'industrie et le commerce semblent avoir été détruits ; Et pourquoi ?

sanayi ve ticaret yok edilmiş gibi görünüyor; Ve neden?

Parce qu'il y a trop de civilisation et de moyens de subsistance

Çünkü çok fazla medeniyet ve geçim kaynağı var

et parce qu'il y a trop d'industrie et trop de commerce

Ve çünkü çok fazla sanayi ve çok fazla ticaret var

Les forces productives à la disposition de la société ne développent plus la propriété bourgeoise

Toplumun emrindeki üretici güçler artık Burjuva mülkiyetini geliştirmiyor

au contraire, ils sont devenus trop puissants pour ces conditions, par lesquelles ils sont enchaînés

Aksine, zincirlendikleri bu koşullar için çok güçlü hale geldiler

dès qu'ils surmontent ces entraves, ils mettent le désordre dans toute la société bourgeoise

Bu prangaları aşar aşmaz, tüm burjuva toplumuna kargaşa getirirler

et les forces productives mettent en danger l'existence de la propriété bourgeoise

ve üretici güçler Burjuva mülkiyetinin varlığını tehlikeye atar

Les conditions de la société bourgeoise sont trop étroites pour englober les richesses qu'elles créent

Burjuva toplumunun koşulları, onların yarattığı zenginliği kapsayamayacak kadar dardır

Et comment la bourgeoisie surmonte-t-elle ces crises ?

Ve burjuvazi bu krizleri nasıl aşıyor?

D'une part, elle surmonte ces crises par la destruction forcée d'une masse de forces productives

Bir yandan, bu krizleri, üretici güçler kitlesinin zorla yok edilmesiyle aşar

D'autre part, elle surmonte ces crises par la conquête de nouveaux marchés

bir yandan da bu krizleri yeni pazarlar fethederek aşmaktadır

et elle surmonte ces crises par l'exploitation plus poussée des anciennes forces productives

Ve bu krizleri, eski üretici güçlerin daha kapsamlı bir şekilde sömürülmesiyle aşar

C'est-à-dire en ouvrant la voie à des crises plus étendues et plus destructrices

Yani daha kapsamlı ve daha yıkıcı krizlerin önünü açarak

elle surmonte la crise en diminuant les moyens de prévention des crises

Krizleri önleme araçlarını azaltarak krizin üstesinden gelir

Les armes avec lesquelles la bourgeoisie a abattu le féodalisme sont maintenant retournées contre elle-même

Burjuvazinin feodalizmi yerle bir ettiği silahlar şimdi kendisine çevrilmiştir

Mais non seulement la bourgeoisie a-t-elle forgé les armes qui lui apportent la mort

Ama burjuvazi sadece kendisine ölüm getiren silahları dövmekle kalmadı

Il a également appelé à l'existence les hommes qui doivent manier ces armes

Aynı zamanda bu silahları kullanacak adamları da var etti

Et ces hommes sont la classe ouvrière moderne ; Ce sont les prolétaires

Ve bu adamlar modern işçi sınıfıdır; Onlar proleterlerdir

À mesure que la bourgeoisie se développe, le prolétariat se développe dans la même proportion

Burjuvazi ne oranda gelişirse, proletarya da o oranda gelişmiştir

La classe ouvrière moderne a développé une classe d'ouvriers

Modern işçi sınıfı bir emekçiler sınıfı geliştirdi

Cette classe d'ouvriers ne vit que tant qu'elle trouve du travail

Bu emekçi sınıfı ancak iş buldukları sürece yaşarlar
et ils ne trouvent de travail qu'aussi longtemps que leur travail augmente le capital
Ve ancak emekleri sermayeyi artırdığı sürece iş bulurlar
Ces ouvriers, qui doivent se vendre à la pièce, sont une marchandise
Kendilerini parça parça satmak zorunda olan bu emekçiler bir metadır
Ces ouvriers sont comme tous les autres articles de commerce
Bu emekçiler diğer tüm ticaret malları gibidir
et, par conséquent, ils sont exposés à toutes les vicissitudes de la concurrence
ve sonuç olarak rekabetin tüm iniş çıkışlarına maruz kalırlar
Ils doivent faire face à toutes les fluctuations du marché
Piyasanın tüm dalgalanmalarını atlatmak zorundalar
En raison de l'utilisation intensive des machines et de la division du travail
Makinelerin yaygın kullanımı ve iş bölümü nedeniyle
Le travail des prolétaires a perdu tout caractère individuel
Proleterlerin çalışması tüm bireysel karakterini yitirmiştir
et, par conséquent, le travail des prolétaires a perdu tout charme pour l'ouvrier
Ve sonuç olarak, proleterlerin çalışması, işçi için tüm çekiciliğini yitirmiştir
Il devient un appendice de la machine, plutôt que l'homme qu'il était autrefois
Bir zamanlar olduğu adamdan ziyade makinenin bir uzantısı haline gelir
On n'exige de lui que l'habileté la plus simple, la plus monotone et la plus facile à acquérir
Ondan sadece en basit, monoton ve en kolay elde edilen hüner istenir
Par conséquent, le coût de production d'un ouvrier est limité
Bu nedenle, bir işçinin üretim maliyeti sınırlıdır

elle se limite presque entièrement aux moyens de
subsistance dont il a besoin pour son entretien

neredeyse tamamen bakımı için ihtiyaç duyduğu geçim
araçlarıyla sınırlıdır

et elle est limitée aux moyens de subsistance dont il a besoin
pour la propagation de sa race

ve ırkının yayılması için ihtiyaç duyduğu geçim araçlarıyla
sınırlıdır

Mais le prix d'une marchandise, et par conséquent aussi du
travail, est égal à son coût de production

Ama bir metanın ve dolayısıyla emeğin fiyatı, onun üretim
maliyetine eşittir

C'est pourquoi, à mesure que le travail répugnant augmente,
le salaire diminue

Bu nedenle, orantılı olarak, işin iticiliği arttıkça, ücret düşer

Bien plus, le caractère répugnant de son travail augmente à
un rythme encore plus grand

Hayır, işinin iticiliği daha da büyük bir oranda artar

À mesure que l'utilisation des machines et la division du
travail augmentent, le fardeau du labeur augmente
également

Makine kullanımı ve işbölümü arttıkça iş yükü de artar

La charge de travail est augmentée par la prolongation du
temps de travail

Çalışma saatlerinin uzamasıyla iş yükü artar

On attend plus de l'ouvrier dans le même temps
qu'auparavant

İşçiden daha önce olduğu gibi aynı zamanda daha fazlası
beklenir

Et bien sûr, le poids du labeur est augmenté par la vitesse de
la machine

Ve tabii ki, zahmetin yükü makinelerin hızıyla artar

L'industrie moderne a transformé le petit atelier du maître
patriarcal en la grande usine du capitaliste industriel

Modern sanayi, ataerkil efendinin küçük atölyesini, sanayici
kapitalistin büyük fabrikasına dönüştürmüştür

Des masses d'ouvriers, entassés dans l'usine, s'organisent comme des soldats

Fabrikaya doluşmuş işçi kitleleri, askerler gibi örgütlenmiştir

En tant que simples soldats de l'armée industrielle, ils sont placés sous le commandement d'une hiérarchie parfaite d'officiers et de sergents

Sanayi ordusunun erleri olarak, mükemmel bir subay ve çavuş hiyerarşisinin komutası altına alınırlar

ils ne sont pas seulement les esclaves de la classe bourgeoise et de l'État

onlar sadece Burjuva sınıfının ve Devletin köleleri değildirler

Mais ils sont aussi asservis quotidiennement et d'heure en heure par la machine

ama aynı zamanda makine tarafından günlük ve saatlik olarak köleleştirilirler

ils sont asservis par le surveillant, et surtout par le fabricant bourgeois lui-même

Dışarıdan bakan tarafından ve her şeyden önce bireysel Burjuva imalatçısının kendisi tarafından köleleştirilirler

Plus ce despotisme proclame ouvertement que le gain est sa fin et son but, plus il est mesquin, plus haïssable et plus aigri

Bu despotizm, kazancı kendi amacı ve hedefi olarak ne kadar açık bir şekilde ilan ederse, o kadar önemsiz, o kadar nefret dolu ve o kadar küstahtır

Plus l'industrie moderne se développe, moins les différences entre les sexes sont grandes

Modern endüstri ne kadar gelişirse, cinsiyetler arasındaki farklar o kadar az olur

Moins le travail manuel exige d'habileté et d'effort de force, plus le travail des hommes est supplanté par celui des femmes

El emeğinde ima edilen beceri ve güç çabası ne kadar azsa, erkeklerin emeğinin yerini kadınlarınki alır.

Les différences d'âge et de sexe n'ont plus de validité sociale distincte pour la classe ouvrière

Yaş ve cinsiyet farklılıklarının artık işçi sınıfı için ayırt edici bir toplumsal geçerliliği yoktur

Tous sont des instruments de travail, plus ou moins coûteux à utiliser, selon leur âge et leur sexe

Hepsi emek araçlarıdır, yaşlarına ve cinsiyetlerine göre kullanımları az ya da çok pahalıdır

dès que l'ouvrier reçoit son salaire en espèces, il est attaqué par les autres parties de la bourgeoisie

İşçi ücretini nakit olarak alır almaz, burjuvazinin diğer kesimleri tarafından kendisine yüklenir

le propriétaire, le commerçant, le prêteur sur gages, etc

ev sahibi, dükkan sahibi, tefeci vb

Les couches inférieures de la classe moyenne ; les petits commerçants et les commerçants

Orta sınıfın alt tabakaları; küçük esnaf ve esnaf

les commerçants retraités en général, et les artisans et les paysans

genel olarak emekli esnaf, zanaatkarlar ve köylüler

tout cela s'enfonce peu à peu dans le prolétariat

bütün bunlar yavaş yavaş Proletaryaya batar

en partie parce que leur petit capital ne suffit pas à l'échelle sur laquelle l'industrie moderne est exercée

kısmen, küçücük sermayelerinin, Modern Sanayi'nin sürdürüldüğü ölçek için yeterli olmaması nedeniyle

et parce qu'elle est submergée par la concurrence avec les grands capitalistes

ve büyük kapitalistlerle rekabette bataklığa saplandığı için

en partie parce que leur savoir-faire spécialisé est rendu sans valeur par les nouvelles méthodes de production

Kısmen, uzmanlaşma becerilerinin yeni üretim yöntemleriyle değersiz hale getirilmesi nedeniyle

Ainsi le prolétariat se recrute dans toutes les classes de la population

Böylece proletarya, nüfusun tüm sınıflarından devşirilir

Le prolétariat passe par différents stades de développement

Proletarya çeşitli gelişme aşamalarından geçer

Avec sa naissance commence sa lutte contre la bourgeoisie
Doğuşuyla birlikte Burjuvazi ile mücadelesi başlar
Dans un premier temps, la lutte est menée par des ouvriers individuels
Yarışma ilk başta bireysel emekçiler tarafından yürütülür
Ensuite, le concours est mené par les ouvriers d'une usine
Sonra yarışma bir fabrikanın işçileri tarafından yürütülür
Ensuite, la lutte est menée par les agents d'un métier, dans une localité
Sonra yarışma, bir işkolunun işçileri tarafından, tek bir yörede sürdürülür
et la lutte est alors contre la bourgeoisie individuelle qui les exploite directement
ve o zaman yarışma, onları doğrudan sömüren bireysel burjuvaziye karşıdır
Ils ne dirigent pas leurs attaques contre les conditions de production de la bourgeoisie
Saldırılarını burjuvazinin üretim koşullarına yöneltmiyorlar
mais ils dirigent leur attaque contre les instruments de production eux-mêmes
ama saldırılarını üretim araçlarının kendilerine yöneltirler
Ils détruisent les marchandises importées qui font concurrence à leur main-d'œuvre
Emekleriyle rekabet eden ithal malları yok ediyorlar
Ils brisent les machines et mettent le feu aux usines
Makineleri paramparça ettiler ve fabrikaları ateşe verdiler
ils cherchent à restaurer par la force le statut disparu de l'ouvrier du Moyen Âge
Orta Çağ işçisinin yok olmuş statüsünü zorla geri getirmeye çalışıyorlar
À ce stade, les ouvriers forment encore une masse incohérente dispersée dans tout le pays
Bu aşamada, emekçiler hâlâ tüm ülkeye dağılmış tutarsız bir kitle oluşturuyorlar
et ils sont brisés par leur concurrence mutuelle
ve karşılıklı rekabetleri tarafından parçalanırlar

S'ils s'unissent quelque part pour former des corps plus compacts, ce n'est pas encore la conséquence de leur propre union active

Herhangi bir yerde daha kompakt bedenler oluşturmak için birleşirlerse, bu henüz kendi aktif birliklerinin sonucu değildir

mais c'est une conséquence de l'union de la bourgeoisie, d'atteindre ses propres fins politiques

ama bu, burjuvazinin kendi siyasi amaçlarına ulaşmak için birliğinin bir sonucudur

la bourgeoisie est obligée de mettre en mouvement tout le prolétariat

Burjuvazi tüm proletaryayı harekete geçirmek zorundadır

et d'ailleurs, pour un temps, la bourgeoisie est capable de le faire

ve dahası, bir süre için, Burjuvazi bunu yapabilir

À ce stade, les prolétaires ne combattent donc pas leurs ennemis

Bu nedenle, bu aşamada, proleterler düşmanlarıyla savaşmazlar

mais au lieu de cela, ils combattent les ennemis de leurs ennemis

ama bunun yerine düşmanlarının düşmanlarıyla savaşıyorlar

La lutte contre les vestiges de la monarchie absolue et les propriétaires terriens

Mutlak monarşinin kalıntıları ve toprak sahipleriyle mücadele

ils combattent la bourgeoisie non industrielle ; la petite bourgeoisie

sanayileşmemiş burjuvazi ile savaşırlar; küçük burjuvazi

Ainsi tout le mouvement historique est concentré entre les mains de la bourgeoisie

Böylece tüm tarihsel hareket burjuvazinin elinde toplanmıştır

chaque victoire ainsi obtenue est une victoire pour la bourgeoisie

bu şekilde elde edilen her zafer burjuvazinin zaferidir

Mais avec le développement de l'industrie, le prolétariat ne se contente pas d'augmenter en nombre

Ama sanayinin gelişmesiyle birlikte proletarya sadece sayıca artmakla kalmaz

le prolétariat se concentre en masses plus grandes et sa force s'accroît

Proletarya daha büyük kitleler halinde yoğunlaşır ve gücü artar

et le prolétariat ressent de plus en plus cette force

ve Proletarya bu gücü giderek daha fazla hissediyor

Les divers intérêts et conditions de vie dans les rangs du prolétariat sont de plus en plus égalisés

Proletarya saflarındaki çeşitli çıkarlar ve yaşam koşulları giderek daha fazla eşitleniyor

elles deviennent plus proportionnelles à mesure que les machines effacent toutes les distinctions de travail

Makinelerin emeğin tüm ayrımlarını ortadan kaldırmasıyla orantılı olarak daha da artarlar

et les machines réduisent presque partout les salaires au même bas niveau

Ve makineler hemen hemen her yerde ücretleri aynı düşük seviyeye indiriyor

La concurrence croissante entre la bourgeoisie et les crises commerciales qui en résultent rendent les salaires des ouvriers de plus en plus fluctuants

Burjuvazi arasında artan rekabet ve bunun sonucunda ortaya çıkan ticari krizler, işçilerin ücretlerini her zamankinden daha dalgalı hale getiriyor

L'amélioration incessante des machines, qui se développe de plus en plus rapidement, rend leurs moyens d'existence de plus en plus précaires

Her zamankinden daha hızlı gelişen makinelerin durmaksızın gelişmesi, geçim kaynaklarını giderek daha güvencesiz hale getiriyor

les collisions entre les ouvriers individuels et la bourgeoisie individuelle prennent de plus en plus le caractère de collisions entre deux classes

tek tek işçiler ile tek tek burjuvazi arasındaki çarpışmalar, giderek iki sınıf arasındaki çarpışma niteliğini alıyor

Là-dessus, les ouvriers commencent à former des associations (syndicats) contre la bourgeoisie

Bunun üzerine işçiler burjuvaziye karşı birleşimler (sendikalar) oluşturmaya başlarlar

Ils s'associent pour maintenir le taux des salaires

Ücret oranını korumak için bir araya geliyorlar

Ils fondèrent des associations permanentes afin de pourvoir à l'avance à ces révoltes occasionnelles

Ara sıra ortaya çıkan bu isyanlar için önceden hazırlık yapmak üzere kalıcı birlikler kurdular

Ici et là, la lutte éclate en émeutes

Yarışma burada ve orada isyanlara dönüşüyor

De temps en temps, les ouvriers sont victorieux, mais seulement pour un temps

Ara sıra işçiler zafer kazanıyor, ama sadece bir süre için

Le vrai fruit de leurs luttes n'est pas dans le résultat immédiat, mais dans l'union toujours plus grande des travailleurs

Mücadelelerinin gerçek meyvesi, doğrudan sonuçta değil, işçilerin durmadan genişleyen birliğinde yatmaktadır

Cette union est favorisée par les moyens de communication améliorés créés par l'industrie moderne

Bu birliğe, modern sanayi tarafından yaratılan gelişmiş iletişim araçları yardımcı olmaktadır

La communication moderne met en contact les travailleurs de différentes localités les uns avec les autres

Modern iletişim, farklı bölgelerdeki işçileri birbirleriyle temasa geçirir

C'était précisément ce contact qui était nécessaire pour centraliser les nombreuses luttes locales en une lutte nationale entre les classes

Çok sayıda yerel mücadeleyi sınıflar arasındaki tek bir ulusal mücadelede merkezileştirmek için gerekli olan tam da bu temastı

Toutes ces luttes sont du même caractère, et toute lutte de classe est une lutte politique

Bu mücadelelerin hepsi aynı karakterdedir ve her sınıf mücadelesi politik bir mücadeledir

les bourgeois du moyen âge, avec leurs misérables routes, mettaient des siècles à former leurs syndicats

Orta Çağ'ın kasabalıları, sefil otoyollarıyla, birliklerini oluşturmak için yüzyıllara ihtiyaç duydu

Les prolétaires modernes, grâce aux chemins de fer, réalisent leurs syndicats en quelques années

Modern proleterler, demiryolları sayesinde birkaç yıl içinde sendikalarına kavuşurlar

Cette organisation des prolétaires en classe les a donc formés en parti politique

Proleterlerin bir sınıf halinde örgütlenmesi, sonuç olarak onları bir siyasi parti haline getirdi

La classe politique est continuellement bouleversée par la concurrence entre les travailleurs eux-mêmes

Siyasi sınıf, işçilerin kendi aralarındaki rekabetten sürekli olarak yeniden rahatsız oluyor

Mais la classe politique continue de se soulever, plus forte, plus ferme, plus puissante

Ancak siyasi sınıf daha güçlü, daha sert, daha güçlü bir şekilde yeniden yükselmeye devam ediyor

Elle oblige la législation à reconnaître les intérêts particuliers des travailleurs

İşçilerin özel çıkarlarının yasal olarak tanınmasını zorunlu kılar

il le fait en profitant des divisions au sein de la bourgeoisie elle-même

Bunu, burjuvazinin kendi içindeki bölünmelerden yararlanarak yapar

C'est ainsi qu'en Angleterre fut promulguée la loi sur les dix heures

Böylece İngiltere'deki on saatlik yasa tasarısı yasalaştı

à bien des égards, les collisions entre les classes de l'ancienne société sont en outre le cours du développement du prolétariat

birçok bakımdan eski toplumun sınıfları arasındaki çatışmalar, proletaryanın gelişme sürecidir

La bourgeoisie se trouve engagée dans une bataille de tous les instants

Burjuvazi kendisini sürekli bir savaşın içinde bulur

Dans un premier temps, il se trouvera impliqué dans une bataille constante avec l'aristocratie

İlk başta kendisini aristokrasi ile sürekli bir savaşın içinde bulacaktır

plus tard, elle se trouvera engagée dans une lutte constante avec ces parties de la bourgeoisie elle-même

daha sonra kendisini Burjuvazinin bu kesimleriyle sürekli bir savaşın içinde bulacaktır

et leurs intérêts seront devenus antagonistes au progrès de l'industrie

ve çıkarları sanayinin ilerlemesine karşıt hale gelecektir

à tout moment, leurs intérêts seront devenus antagonistes avec la bourgeoisie des pays étrangers

çıkarları her zaman yabancı ülkelerin burjuvazisi ile uzlaşmaz hale gelecektir

Dans toutes ces batailles, elle se voit obligée de faire appel au prolétariat et lui demande son aide

Bütün bu savaşlarda kendisini proletaryaya başvurmak zorunda görür ve ondan yardım ister

Et ainsi, il se sentira obligé de l'entraîner dans l'arène politique

Ve böylece onu siyasi arenaya sürüklemek zorunda hissedecektir

C'est pourquoi la bourgeoisie elle-même fournit au prolétariat ses propres instruments d'éducation politique et générale

Bu nedenle, burjuvazinin kendisi, proletaryaya kendi siyasal ve genel eğitim araçlarını sağlar

c'est-à-dire qu'il fournit au prolétariat des armes pour
combattre la bourgeoisie

başka bir deyişle, proletaryaya, burjuvaziye karşı savaşmak
için silahlar sağlar

De plus, comme nous l'avons déjà vu, des sections entières
des classes dominantes sont précipitées dans le prolétariat

Dahası, daha önce gördüğümüz gibi, egemen sınıfların tüm
kesimleri proletaryaya doğru itilir

le progrès de l'industrie les aspire dans le prolétariat

sanayinin ilerlemesi onları proletaryanın içine çeker

ou, du moins, ils sont menacés dans leurs conditions
d'existence

Ya da en azından, varoluş koşullarında tehdit altındadırlar

Ceux-ci fournissent également au prolétariat de nouveaux
éléments d'illumination et de progrès

Bunlar aynı zamanda proletaryaya aydınlanmanın ve
ilerlemenin taze unsurlarını da sağlar

Enfin, à l'approche de l'heure décisive de la lutte des classes

Son olarak, sınıf mücadelesinin belirleyici saate yaklaştığı
zamanlarda

le processus de dissolution en cours au sein de la classe
dirigeante

Egemen sınıf içinde devam eden çözülme süreci

En fait, la dissolution en cours au sein de la classe dirigeante
se fera sentir dans toute la société

Gerçekte, egemen sınıf içinde sürmekte olan çözülme,
toplumun tüm kesiminde hissedilecektir

Il prendra un caractère si violent et si flagrant qu'une petite
partie de la classe dirigeante se laissera aller à la dérive

Öylesine şiddetli, göz kamaştırıcı bir karaktere bürünecek ki,
egemen sınıfın küçük bir kesimi kendini başıboş bırakacaktır

et que la classe dirigeante rejoindra la classe révolutionnaire

Ve bu egemen sınıf devrimci sınıfa katılacaktır

La classe révolutionnaire étant la classe qui tient l'avenir
entre ses mains

Devrimci sınıf, geleceği elinde tutan sınıftır

Comme à une époque antérieure, une partie de la noblesse passa dans la bourgeoisie

Tıpkı daha önceki bir dönemde olduğu gibi, soyluların bir bölümü Burjuvazinin safına geçti

de la même manière qu'une partie de la bourgeoisie passera au prolétariat

aynı şekilde burjuvazinin bir kısmı proletaryaya geçecektir

en particulier, une partie de la bourgeoisie passera à une partie des idéologues de la bourgeoisie

özellikle, Burjuvazinin bir kısmı, Burjuva ideologlarının bir kısmına geçecektir

Des idéologues bourgeois qui se sont élevés au niveau de la compréhension théorique du mouvement historique dans son ensemble

Tarihsel hareketi bir bütün olarak teorik olarak kavrama düzeyine yükselmiş burjuva ideologlar

De toutes les classes qui se trouvent aujourd'hui en face de la bourgeoisie, seule le prolétariat est une classe vraiment révolutionnaire

Bugün burjuvazi ile karşı karşıya gelen tüm sınıflar arasında, gerçekten devrimci bir sınıf olan yalnızca proletaryadır

Les autres classes se dégradent et finissent par disparaître devant l'industrie moderne

Öteki sınıflar çürür ve sonunda modern sanayi karşısında yok olurlar

le prolétariat est son produit spécial et essentiel

Proletarya onun özel ve temel ürünüdür

La petite bourgeoisie, le petit industriel, le commerçant, l'artisan, le paysan

Alt orta sınıf, küçük fabrikatör, dükkân sahibi, zanaatkâr, köylü

toutes ces luttes contre la bourgeoisie

bütün bunlar burjuvaziye karşı savaşıyor

Ils se battent en tant que fractions de la classe moyenne pour se sauver de l'extinction

Kendilerini yok olmaktan kurtarmak için orta sınıfın
fraksiyonları olarak savaşıyorlar

Ils ne sont donc pas révolutionnaires, mais conservateurs
Bu nedenle devrimci değil, muhafazakardırlar

Bien plus, ils sont réactionnaires, car ils essaient de faire
reculer la roue de l'histoire
Dahası, gericidirler, çünkü tarihin tekerleğini geri
döndürmeye çalışırlar

Si par hasard ils sont révolutionnaires, ils ne le sont qu'en
vue de leur transfert imminent dans le prolétariat
Eğer şans eseri devrimcilerse, yalnızca Proletaryaya
yaklaşmakta olan transferleri göz önüne alındığında
devrimcidirler

Ils défendent ainsi non pas leurs intérêts présents, mais
leurs intérêts futurs
Böylece şimdiki çıkarlarını değil, gelecekteki çıkarlarını
savunurlar

ils désertent leur propre point de vue pour se placer à celui
du prolétariat
kendilerini proletaryanın yerine koymak için kendi bakış
açılarını terk ederler

La « classe dangereuse », la racaille sociale, cette masse en
décomposition passive rejetée par les couches les plus
basses de la vieille société
"Tehlikeli sınıf", toplumsal, eski toplumun en alt katmanları
tarafından atılan pasif bir şekilde çürüyen kitle

Ils peuvent, ici et là, être entraînés dans le mouvement par
une révolution prolétarienne
Orada burada, bir proleter devrimle hareketin içine
sürüklenebilirler

Ses conditions de vie, cependant, le préparent beaucoup
plus au rôle d'instrument soudoyé de l'intrigue
réactionnaire
Ne var ki, yaşam koşulları, onu, gerici entrikaların rüşvet
verici bir aracı rolüne çok daha fazla hazırlamaktadır

Dans les conditions du prolétariat, ceux de l'ancienne société dans son ensemble sont déjà virtuellement submergés

Proletaryanın koşullarında, genel olarak eski toplumun koşulları zaten fiilen bataklığa saplanmıştır

Le prolétaire est sans propriété

Proleter mülksüzdür

ses rapports avec sa femme et ses enfants n'ont plus rien de commun avec les relations familiales de la bourgeoisie

karısı ve çocuklarıyla olan ilişkisinin artık burjuvazinin aile ilişkileriyle hiçbir ortak yanı yoktur

le travail industriel moderne, la sujétion moderne au capital, la même en Angleterre qu'en France, en Amérique comme en Allemagne

modern sanayi emeği, sermayeye modern tabiiyet, Fransa'da olduğu gibi İngiltere'de, Almanya'da olduğu gibi Amerika'da da aynı

Sa condition dans la société l'a dépouillé de toute trace de caractère national

Toplumdaki durumu onu ulusal karakterin her izinden sıyırmıştır

La loi, la morale, la religion, sont pour lui autant de préjugés bourgeois

Hukuk, ahlak, din, onun için pek çok burjuva önyargısıdır

et derrière ces préjugés se cachent en embuscade autant d'intérêts bourgeois

ve bu önyargıların ardında, tıpkı birçok Burjuva çıkarı kadar pusuda gizleniyor

Toutes les classes précédentes, qui ont pris le dessus, ont cherché à fortifier leur statut déjà acquis

Üstünlüğü ele geçiren önceki tüm sınıflar, zaten kazanılmış statülerini güçlendirmeye çalıştılar

Ils l'ont fait en soumettant la société dans son ensemble à leurs conditions d'appropriation

Bunu, toplumun genelini kendi temellük koşullarına tabi kılarak yaptılar

Les prolétaires ne peuvent pas devenir maîtres des forces productives de la société

Proleterler toplumun üretici güçlerinin efendisi olamazlar

elle ne peut le faire qu'en abolissant son propre mode d'appropriation antérieur

Bunu ancak kendi önceki sahiplenme tarzını ortadan kaldırarak yapabilir

et par là même elle abolit tout autre mode d'appropriation antérieur

ve böylece daha önceki tüm temellük etme biçimlerini de ortadan kaldırır

Ils n'ont rien à eux pour s'assurer et se fortifier

Güvence altına almak ve güçlendirmek için kendilerine ait hiçbir şeyleri yok

Leur mission est de détruire toutes les sûretés antérieures et les assurances de biens individuels

Görevleri, bireysel mülkler için önceki tüm menkul kıymetleri ve sigortaları yok etmektir

Tous les mouvements historiques antérieurs étaient des mouvements de minorités

Daha önceki tüm tarihsel hareketler azınlık hareketleriydi

ou bien il s'agissait de mouvements dans l'intérêt des minorités

ya da azınlıkların çıkarlarına yönelik hareketlerdi

Le mouvement prolétarien est le mouvement conscient et indépendant de l'immense majorité

Proleter hareket, büyük çoğunluğun özbilinçli, bağımsız hareketidir

Et c'est un mouvement dans l'intérêt de l'immense majorité

Ve bu, büyük çoğunluğun çıkarına olan bir harekettir

Le prolétariat, couche la plus basse de notre société actuelle

Proletarya, mevcut toplumumuzun en alt tabakası

elle ne peut ni s'agiter ni s'élever sans que toutes les couches supérieures de la société officielle ne soient soulevées en l'air

Resmi toplumun tüm üst düzey katmanları havaya uçurulmadan kıpırdayamaz veya kendini yükseltemez

Loin d'être dans le fond, mais dans la forme, la lutte du prolétariat contre la bourgeoisie est d'abord une lutte nationale

Proletaryanın burjuvazi ile mücadelesi, özünde olmasa da, biçim olarak her şeyden önce ulusal bir mücadeledir

Le prolétariat de chaque pays doit, bien entendu, régler d'abord ses affaires avec sa propre bourgeoisie

Kuşkusuz, her ülkenin proletaryası, her şeyden önce, kendi burjuvazisi ile sorunu çözmelidir

En décrivant les phases les plus générales du développement du prolétariat, nous avons retracé la guerre civile plus ou moins voilée

Proletaryanın gelişiminin en genel aşamalarını betimlerken, az çok örtülü iç savaşın izini sürdük

Ce civil fait rage au sein de la société existante

Bu sivil, mevcut toplum içinde öfkeleniyor

Elle fera rage jusqu'au point où cette guerre éclatera en révolution ouverte

Bu savaşın açık devrime dönüştüğü noktaya kadar öfkelenecek

et alors le renversement violent de la bourgeoisie jette les bases de l'emprise du prolétariat

ve sonra Burjuvazinin şiddet yoluyla devrilmesi, Proletaryanın egemenliğinin temelini atar

Jusqu'à présent, toute forme de société a été fondée, comme nous l'avons déjà vu, sur l'antagonisme des classes oppressives et opprimées

Şimdiye kadar, her toplum biçimi, daha önce gördüğümüz gibi, ezen ve ezilen sınıfların uzlaşmaz karşıtlığına dayanıyordu.

Mais pour opprimer une classe, il faut lui assurer certaines conditions

Ama bir sınıfı ezmek için, ona belirli koşulların sağlanması gerekir

La classe doit être maintenue dans des conditions dans lesquelles elle peut, au moins, continuer son existence servile

Sınıf, en azından kölece varlığını sürdürebileceği koşullar altında tutulmalıdır

Le serf, à l'époque du servage, s'élevait lui-même au rang d'adhérent à la commune

Serf, serflik döneminde, kendisini komün üyeliğine yükseltti

de même que la petite bourgeoisie, sous le joug de l'absolutisme féodal, a réussi à se développer en bourgeoisie

tıpkı feodal mutlakiyetçiliğin boyunduruğu altındaki küçük burjuvazinin bir burjuvaziye dönüşmeyi başarması gibi

L'ouvrier moderne, au contraire, au lieu de s'élever avec les progrès de l'industrie, s'enfonce de plus en plus profondément

Modern emekçi, tam tersine, sanayinin ilerlemesiyle birlikte yükselmek yerine, daha da derine batar

il s'enfonce au-dessous des conditions d'existence de sa propre classe

kendi sınıfının varoluş koşullarının altına düşer

Il devient pauvre, et le paupérisme se développe plus rapidement que la population et la richesse

Yoksul olur ve yoksulluk nüfus ve zenginlikten daha hızlı gelişir

Et c'est là qu'il devient évident que la bourgeoisie n'est plus apte à être la classe dominante dans la société

Ve burada, burjuvazinin artık toplumda egemen sınıf olmaya uygun olmadığı ortaya çıkıyor

et elle n'est pas digne d'imposer ses conditions d'existence à la société comme une loi prépondérante

ve kendi varoluş koşullarını topluma ağır basan bir yasa olarak dayatmaya uygun değildir

Il est inapte à gouverner parce qu'il est incompétent pour assurer une existence à son esclave dans son esclavage

Yönetmeye uygun değildir, çünkü kölesine köleliği içinde bir varoluş sağlamakta yetersiz

parce qu'il ne peut s'empêcher de le laisser sombrer dans un tel état, qu'il doit le nourrir, au lieu d'être nourri par lui

çünkü onun tarafından beslenmek yerine onu beslemek zorunda olduğu bir duruma batmasına izin veremez

La société ne peut plus vivre sous cette bourgeoisie

Toplum artık bu burjuvazi altında yaşayamaz

En d'autres termes, son existence n'est plus compatible avec la société

Başka bir deyişle, varlığı artık toplumla uyumlu değildir

La condition essentielle de l'existence et de l'influence de la classe bourgeoise est la formation et l'accroissement du capital

Burjuva sınıfının varlığının ve egemenliğinin temel koşulu, sermayenin oluşumu ve genişlemesidir

La condition du capital, c'est le salariat-travail

Sermayenin koşulu ücretli emektir

Le travail salarié repose exclusivement sur la concurrence entre les travailleurs

Ücretli emek, yalnızca emekçiler arasındaki rekabete dayanır

Le progrès de l'industrie, dont le promoteur involontaire est la bourgeoisie, remplace l'isolement des ouvriers

İstemsiz teşvikçisi Burjuvazi olan sanayinin ilerlemesi, emekçilerin yalıtılmışlığının yerini alır

en raison de la concurrence, en raison de leur combinaison révolutionnaire, en raison de l'association

rekabet nedeniyle, devrimci kombinasyonları nedeniyle, dernek nedeniyle

Le développement de l'industrie moderne lui coupe sous les pieds les fondements mêmes sur lesquels la bourgeoisie produit et s'approprie les produits

Modern sanayinin gelişmesi, burjuvazinin ürünleri üzerinde ürettiği ve temellük ettiği temeli ayaklarının altından keser

Ce que la bourgeoisie produit avant tout, ce sont ses propres fossoyeurs

Burjuvazinin ürettiği şey, her şeyden önce, kendi mezar kazıcılarıdır

La chute de la bourgeoisie et la victoire du prolétariat sont également inévitables

Burjuvazinin çöküşü ve proletaryanın zaferi aynı derecede kaçınılmazdır

Prolétaires et communistes
Proleterler ve Komünistler

Quel est le rapport des communistes vis-à-vis de l'ensemble des prolétaires ?
Komünistler bir bütün olarak proleterlerle nasıl bir ilişki içindedirler?

Les communistes ne forment pas un parti séparé opposé aux autres partis de la classe ouvrière
Komünistler, diğer işçi sınıfı partilerine karşı ayrı bir parti oluşturmazlar

Ils n'ont pas d'intérêts séparés de ceux du prolétariat dans son ensemble
Bir bütün olarak proletaryanın çıkarlarından ayrı ve ayrı çıkarları yoktur

Ils n'établissent pas de principes sectaires qui leur soient propres pour façonner et modeler le mouvement prolétarien
Proleter hareketi şekillendirmek ve biçimlendirmek için kendilerine ait sekter ilkeler oluşturmazlar

Les communistes ne se distinguent des autres partis ouvriers que par deux choses
Komünistler, diğer işçi sınıfı partilerinden sadece iki şeyle ayrılırlar

Premièrement, ils signalent et mettent en avant les intérêts communs de l'ensemble du prolétariat, indépendamment de toute nationalité
Birincisi, tüm milliyetlerden bağımsız olarak, tüm proletaryanın ortak çıkarlarına işaret eder ve öne çıkarırlar

C'est ce qu'ils font dans les luttes nationales des prolétaires des différents pays
Bunu, farklı ülkelerin proleterlerinin ulusal mücadelelerinde yaparlar

Deuxièmement, ils représentent toujours et partout les intérêts du mouvement dans son ensemble
İkincisi, her zaman ve her yerde bir bütün olarak hareketin çıkarlarını temsil ederler

c'est ce qu'ils font dans les différents stades de développement par lesquels doit passer la lutte de la classe ouvrière contre la bourgeoisie

Bunu, işçi sınıfının burjuvaziye karşı mücadelesinin geçmek zorunda olduğu çeşitli gelişme aşamalarında yaparlar

Les communistes sont donc, d'une part, pratiquement, la section la plus avancée et la plus résolue des partis ouvriers de tous les pays

Bu nedenle Komünistler, bir yandan, pratik olarak, her ülkenin işçi sınıfı partilerinin en ileri ve kararlı kesimidir

Ils sont cette section de la classe ouvrière qui pousse en avant toutes les autres

Onlar, işçi sınıfının diğerlerini ileri iten kesimidir

Théoriquement, ils ont aussi l'avantage de bien comprendre la ligne de marche

Teorik olarak, yürüyüş hattını net bir şekilde anlama avantajına da sahiptirler

C'est ce qu'ils comprennent mieux par rapport à la grande masse du prolétariat

Bunu, proletaryanın büyük kitlesine kıyasla daha iyi anlıyorlar

Ils comprennent les conditions et les résultats généraux ultimes du mouvement prolétarien

Proleter hareketin koşullarını ve nihai genel sonuçlarını kavrarlar

Le but immédiat du Parti communiste est le même que celui de tous les autres partis prolétariens

Komünistin acil hedefi, diğer tüm proleter partilerinkiyle aynıdır

Leur but est la formation du prolétariat en classe

Amaçları, proletaryanın bir sınıf haline getirilmesidir

ils visent à renverser la suprématie de la bourgeoisie

Burjuvazinin üstünlüğünü yıkmayı hedefliyorlar

la conquête du pouvoir politique par le prolétariat

Proletaryanın siyasal iktidarı ele geçirmesi için çaba

Les conclusions théoriques des communistes ne sont nullement basées sur des idées ou des principes de réformateurs

Komünistlerin teorik sonuçları hiçbir şekilde reformcuların fikirlerine veya ilkelerine dayanmamaktadır

ce ne sont pas des prétendus réformateurs universels qui ont inventé ou découvert les conclusions théoriques des communistes

Komünistlerin teorik sonuçlarını icat eden ya da keşfeden evrensel reformcular değildi

Ils ne font qu'exprimer, en termes généraux, des rapports réels qui naissent d'une lutte de classe existante

Yalnızca, genel anlamda, mevcut bir sınıf mücadelesinden kaynaklanan fiili ilişkileri ifade ederler

Et ils décrivent le mouvement historique qui se déroule sous nos yeux et qui a créé cette lutte des classes

Ve bu sınıf mücadelesini yaratan, gözlerimizin önünde devam eden tarihsel hareketi anlatıyorlar

L'abolition des rapports de propriété existants n'est pas du tout un trait distinctif du communisme

Mevcut mülkiyet ilişkilerinin ortadan kaldırılması, komünizmin ayırt edici bir özelliği değildir

Dans le passé, toutes les relations de propriété ont été continuellement sujettes à des changements historiques

Geçmişteki tüm mülkiyet ilişkileri sürekli olarak tarihsel değişime maruz kalmıştır

et ces changements ont été consécutifs au changement des conditions historiques

Ve bu değişiklikler, tarihsel koşullardaki değişimin sonucuydu

La Révolution française, par exemple, a aboli la propriété féodale au profit de la propriété bourgeoise

Örneğin Fransız Devrimi, Burjuva mülkiyeti lehine feodal mülkiyeti ortadan kaldırdı

Le trait distinctif du communisme n'est pas l'abolition de la propriété, en général

Komünizmin ayırt edici özelliği, genel olarak mülkiyetin
kaldırılması değildir.

**mais le trait distinctif du communisme, c'est l'abolition de la
propriété bourgeoise**

ama komünizmin ayırt edici özelliği, burjuva mülkiyetinin
ortadan kaldırılmasıdır

**Mais la propriété privée de la bourgeoisie moderne est
l'expression ultime et la plus complète du système de
production et d'appropriation des produits**

Ancak modern burjuvazinin özel mülkiyeti, ürünleri üretme
ve kendine mal etme sisteminin en nihai ve en eksiksiz
ifadesidir

**C'est l'état final d'un système basé sur les antagonismes de
classe, où l'antagonisme de classe est l'exploitation du plus
grand nombre par quelques-uns**

Bu, sınıf karşıtlıklarına dayanan, sınıf karşıtlığının
çoğunluğun azınlık tarafından sömürülmesi olduğu bir
sistemin son halidir

**En ce sens, la théorie des communistes peut se résumer en
une seule phrase ; l'abolition de la propriété privée**

Bu anlamda, Komünistlerin teorisi tek bir cümlede
özetlenebilir; Özel mülkiyetin kaldırılması

**On nous a reproché, à nous communistes, de vouloir abolir
le droit d'acquérir personnellement des biens**

Biz Komünistler, kişisel olarak mülk edinme hakkının ortadan
kaldırılması arzusuyla kınandık

**On prétend que cette propriété est le fruit du travail de
l'homme**

Bu mülkün bir insanın kendi emeğinin meyvesi olduğu iddia
edilir

**et cette propriété est censée être le fondement de toute
liberté, de toute activité et de toute indépendance
individuelles.**

Ve bu mülkün tüm kişisel özgürlük, faaliyet ve bağımsızlığın
temeli olduğu iddia ediliyor.

« Propriété durement gagnée, auto-acquise, auto-gagnée ! »

"Zor kazanılmış, kendi kendine kazanılmış, kendi kendine kazanılmış mülk!"

Voulez-vous dire la propriété du petit artisan et du petit paysan ?

Küçük zanaatkârın ve küçük köylünün mülkiyetini mi kastediyorsunuz?

Voulez-vous parler d'une forme de propriété qui a précédé la forme bourgeoise ?

Burjuvazi biçiminden önce gelen bir mülkiyet biçimini mi kastediyorsunuz?

Il n'est pas nécessaire de l'abolir, le développement de l'industrie l'a déjà détruit dans une large mesure

Bunu ortadan kaldırmaya gerek yok, sanayinin gelişmesi onu büyük ölçüde yok etti

et le développement de l'industrie continue de la détruire chaque jour

Ve sanayinin gelişmesi hala onu her gün yok ediyor

Ou voulez-vous parler de la propriété privée de la bourgeoisie moderne ?

Yoksa modern burjuvazinin özel mülkiyetini mi kastediyorsunuz?

Mais le travail salarié crée-t-il une propriété pour l'ouvrier ?

Ama ücretli emek, emekçi için herhangi bir mülkiyet yaratır mı?

Non, le travail salarié ne crée pas une parcelle de ce genre de propriété !

Hayır, ücretli emek bu tür bir mülkiyetin bir parçasını bile yaratmaz!

Ce que le travail salarié crée, c'est du capital ; ce genre de propriété qui exploite le travail salarié

Ücretli emeğin yarattığı şey sermayedir; ücretli emeği sömüren bu tür bir mülkiyet

Le capital ne peut s'accroître qu'à la condition d'engendrer une nouvelle offre de travail salarié pour une nouvelle exploitation

Sermaye, yeni bir sömürü için yeni bir ücretli emek arzı
yaratma koşulu dışında artamaz

**La propriété, dans sa forme actuelle, est fondée sur
l'antagonisme du capital et du salariat**

Mülkiyet, bugünkü biçimiyle, sermaye ile ücretli emek
karşıtlığına dayanır

Examinons les deux côtés de cet antagonisme

Bu karşıtlığın her iki tarafını da inceleyelim

**Être capitaliste, ce n'est pas seulement avoir un statut
purement personnel**

Kapitalist olmak, yalnızca kişisel bir statüye sahip olmak
değildir

**Au contraire, être capitaliste, c'est aussi avoir un statut social
dans la production**

Bunun yerine, kapitalist olmak aynı zamanda üretimde
toplumsal bir statüye sahip olmaktır

**parce que le capital est un produit collectif ; Ce n'est que par
l'action unie de nombreux membres qu'elle peut être mise
en branle**

çünkü sermaye kolektif bir üründür; Sadece birçok üyenin
birleşik eylemiyle harekete geçirilebilir

**Mais cette action unie n'est qu'un dernier recours, et
nécessite en fait tous les membres de la société**

Ancak bu birleşik eylem son çaredir ve aslında toplumun tüm
üyelerini gerektirir

**Le capital est converti en propriété de tous les membres de la
société**

Sermaye, toplumun tüm üyelerinin mülkiyetine dönüştürülür

**mais le Capital n'est donc pas une puissance personnelle ;
c'est un pouvoir social**

ama Sermaye bu nedenle kişisel bir güç değildir; sosyal bir
güçtür

**Ainsi, lorsque le capital est converti en propriété sociale, la
propriété personnelle n'est pas pour autant transformée en
propriété sociale**

Demek ki, sermaye toplumsal mülkiyete dönüştürüldüğünde, kişisel mülkiyet de toplumsal mülkiyete dönüşmez

Ce n'est que le caractère social de la propriété qui est modifié et qui perd son caractère de classe

Değişen, yalnızca mülkiyetin toplumsal niteliğidir ve sınıfsal karakterini kaybeder

Regardons maintenant le travail salarié

Şimdi ücretli emeğe bakalım

Le prix moyen du salariat est le salaire minimum, c'est-à-dire le quantum des moyens de subsistance

Ücretli emeğin ortalama fiyatı, asgari ücrettir, yani geçim araçlarının miktarıdır

Ce salaire est absolument nécessaire dans la simple existence d'un ouvrier

Bu ücret, bir işçi olarak çıplak varoluş için kesinlikle gereklidir

Ce que le salarié s'approprie par son travail ne suffit donc qu'à prolonger et à reproduire une existence nue

Demek ki, ücretli emekçinin emeği aracılığıyla el koyduğu şey, yalnızca, çıplak bir varoluşu uzatmaya ve yeniden üretmeye yeter

Nous n'avons nullement l'intention d'abolir cette appropriation personnelle des produits du travail

Biz, emeğin ürünlerine bu kişisel el koymayı hiçbir şekilde ortadan kaldırmak niyetinde değiliz

une appropriation qui est faite pour le maintien et la reproduction de la vie humaine

insan yaşamının sürdürülmesi ve çoğaltılması için yapılan bir ödenek

Une telle appropriation personnelle des produits du travail ne laisse pas de surplus pour commander le travail d'autrui

Emek ürünlerine bu şekilde kişisel olarak el konulması, başkalarının emeğine hükmetmek için hiçbir artı değer bırakmaz

Tout ce que nous voulons supprimer, c'est le caractère misérable de cette appropriation

Ortadan kaldırmak istediğimiz tek şey, bu sahiplenmenin sefil karakteridir

l'appropriation dont vit l'ouvrier dans le seul but d'augmenter son capital

emekçinin yalnızca sermayeyi artırmak için yaşadığı mülk edinme

Il n'est autorisé à vivre que dans la mesure où l'intérêt de la classe dominante l'exige

Sadece egemen sınıfın çıkarları gerektirdiği ölçüde yaşamasına izin verilir

Dans la société bourgeoise, le travail vivant n'est qu'un moyen d'augmenter le travail accumulé

Burjuva toplumunda canlı emek, birikmiş emeği artırmanın bir aracından başka bir şey değildir

Dans la société communiste, le travail accumulé n'est qu'un moyen d'élargir, d'enrichir, de promouvoir l'existence de l'ouvrier

Komünist toplumda birikmiş emek, emekçinin varlığını genişletmenin, zenginleştirmenin, geliştirmenin bir aracından başka bir şey değildir

C'est pourquoi, dans la société bourgeoise, le passé domine le présent

Bu nedenle, burjuva toplumunda geçmiş, bugüne egemendir

dans la société communiste, le présent domine le passé

Komünist toplumda şimdiki zaman geçmişe hükmeder

Dans la société bourgeoise, le capital est indépendant et a une individualité

Burjuva toplumunda sermaye bağımsızdır ve bireyselliğe sahiptir

Dans la société bourgeoise, la personne vivante est dépendante et n'a pas d'individualité

Burjuva toplumunda yaşayan kişi bağımlıdır ve bireyselliği yoktur

Et l'abolition de cet état de choses est appelée par la bourgeoisie l'abolition de l'individualité et de la liberté !

Ve bu durumun ortadan kaldırılması, burjuvazi tarafından, bireyselliğin ve özgürlüğün ortadan kaldırılması denir!

Et c'est à juste titre qu'on l'appelle l'abolition de l'individualité et de la liberté !

Ve haklı olarak bireyselliğin ve özgürlüğün kaldırılması denir!

Le communisme vise à l'abolition de l'individualité bourgeoise

Komünizm, Burjuva bireyselliğinin ortadan kaldırılmasını amaçlar

Le communisme veut l'abolition de l'indépendance de la bourgeoisie

Komünizm, burjuvazinin bağımsızlığını ortadan kaldırmayı amaçlamaktadır

La liberté de la bourgeoisie est sans aucun doute ce que vise le communisme

Burjuvazinin özgürlüğü kuşkusuz komünizmin hedeflediği şeydir

dans les conditions actuelles de production de la bourgeoisie, la liberté signifie le libre-échange, la liberté de vendre et d'acheter

Burjuvazinin bugünkü üretim koşullarında özgürlük, serbest ticaret, serbest satış ve satın alma demektir

Mais si la vente et l'achat disparaissent, la vente et l'achat gratuits disparaissent également

Ancak satış ve satın alma ortadan kalkarsa, serbest satış ve satın alma da ortadan kalkar

Les « paroles courageuses » de la bourgeoisie sur la vente et l'achat libres n'ont qu'un sens limité

Burjuvazinin serbest satış ve satın alma hakkındaki "cesur sözleri" ancak sınırlı bir anlamda anlam taşır

Ces mots n'ont de sens que par opposition à la vente et à l'achat restreints

Bu kelimelerin yalnızca kısıtlı satış ve satın almanın aksine anlamı vardır

et ces mots n'ont de sens que lorsqu'ils s'appliquent aux marchands enchaînés du moyen âge

ve bu kelimeler ancak Orta Çağ'ın zincire vurulmuş
tüccarlarına uygulandığında anlam kazanır

**et cela suppose que ces mots aient même un sens dans un
sens bourgeois**

ve bu, bu kelimelerin Burjuva anlamda bir anlamı olduğunu
bile varsayar

**mais ces mots n'ont aucun sens lorsqu'ils sont utilisés pour
s'opposer à l'abolition communiste de l'achat et de la vente**

ancak bu kelimeler, Komünistlerin alım satımın kaldırılmasına
karşı çıkmak için kullanıldıklarında hiçbir anlam ifade
etmezler

**les mots n'ont pas de sens lorsqu'ils sont utilisés pour
s'opposer à l'abolition des conditions de production de la
bourgeoisie**

Burjuvazinin üretim koşullarının ortadan kaldırılmasına karşı
çıkmak için kullanılan kelimelerin hiçbir anlamı yoktur

**et ils n'ont aucun sens lorsqu'ils sont utilisés pour s'opposer
à l'abolition de la bourgeoisie elle-même**

ve Burjuvazinin kendisinin ortadan kaldırılmasına karşı
çıkmak için kullanıldıklarında hiçbir anlamları yoktur

**Vous êtes horrifiés par notre intention d'en finir avec la
propriété privée**

Özel mülkiyeti ortadan kaldırma niyetimiz karşısında dehşete
düşüyorsunuz

**Mais dans votre société actuelle, la propriété privée est déjà
abolie pour les neuf dixièmes de la population**

Ancak mevcut toplumunuzda, nüfusun onda dokuzu için özel
mülkiyet zaten ortadan kaldırılmıştır

**L'existence d'une propriété privée pour quelques-uns est
uniquement due à sa non-existence entre les mains des neuf
dixièmes de la population**

Azınlık için özel mülkiyetin varlığı, yalnızca nüfusun onda
dokuzunun elinde bulunmamasından kaynaklanmaktadır

**Vous nous reprochez donc d'avoir l'intention de supprimer
une forme de propriété**

Bu nedenle, bir tür mülkiyeti ortadan kaldırmaya niyetlenmekle bizi suçluyorsunuz

Mais la propriété privée nécessite l'inexistence de toute propriété pour l'immense majorité de la société

Ancak özel mülkiyet, toplumun büyük çoğunluğu için herhangi bir mülkiyetin var olmamasını gerektirir

En un mot, vous nous reprochez d'avoir l'intention de vous débarrasser de vos biens

Tek kelimeyle, mülkünüzü ortadan kaldırmak niyetinde olduğumuz için bizi suçluyorsunuz

Et c'est précisément le cas ; se débarrasser de votre propriété est exactement ce que nous avons l'intention de faire

Ve aynen öyle; Mülkünüzü ortadan kaldırmak tam da niyetimiz

À partir du moment où le travail ne peut plus être converti en capital, en argent ou en rente

Emeğin artık sermayeye, paraya ya da ranta dönüştürülemediği andan itibaren

quand le travail ne peut plus être converti en un pouvoir social monopolisé

Emeğin artık tekelleştirilebilecek bir toplumsal güce dönüştürülemediği zaman

à partir du moment où la propriété individuelle ne peut plus être transformée en propriété bourgeoise

bireysel mülkiyetin artık burjuva mülkiyetine dönüştürülemediği andan itibaren

à partir du moment où la propriété individuelle ne peut plus être transformée en capital

bireysel mülkiyetin artık sermayeye dönüştürülemediği andan itibaren

À partir de ce moment-là, vous dites que l'individualité s'évanouit

O andan itibaren bireyselliğin yok olduğunu söylüyorsunuz

Vous devez donc avouer que par « individu » vous n'entendez personne d'autre que la bourgeoisie

Bu nedenle, "birey" derken burjuvaziden başka bir kişiyi kastetmediğinizi itiraf etmelisiniz

Vous devez avouer qu'il s'agit spécifiquement du propriétaire de la classe moyenne

İtiraf etmelisiniz ki, özellikle orta sınıf mülk sahibine atıfta bulunur

Cette personne doit, en effet, être balayée et rendue impossible

Bu kişi gerçekten de yoldan çekilmeli ve imkansız hale getirilmelidir

Le communisme ne prive personne du pouvoir de s'approprier les produits de la société

Komünizm, hiç kimseyi toplumun ürünlerine el koyma gücünden mahrum etmez

tout ce que fait le communisme, c'est de le priver du pouvoir de subjuguer le travail d'autrui au moyen d'une telle appropriation

Komünizmin yaptığı tek şey, onu, böyle bir temellük yoluyla başkalarının emeğine boyun eğdirme gücünden mahrum etmektir

On a objecté qu'avec l'abolition de la propriété privée, tout travail cesserait

Özel mülkiyetin kaldırılmasıyla tüm işlerin sona ereceği itirazı yapılmıştır

et il est alors suggéré que la paresse universelle nous rattrapera

Ve daha sonra evrensel tembelliğin bizi ele geçireceği öne sürülüyor

D'après cela, il y a longtemps que la société bourgeoise aurait dû aller aux chiens par pure oisiveté

Buna göre, burjuva toplumunun uzun zaman önce katıksız tembellik yüzünden köpeklere gitmesi gerekirdi

parce que ceux de ses membres qui travaillent, n'acquièrent rien

çünkü çalışan üyeleri hiçbir şey elde edemezler

et ceux de ses membres qui acquièrent quoi que ce soit, ne travaillent pas

ve herhangi bir şey elde eden üyeleri çalışmıyor

L'ensemble de cette objection n'est qu'une autre expression de la tautologie

Bu itirazın bütünü, totolojinin bir başka ifadesinden başka bir şey değildir

Il ne peut plus y avoir de travail salarié quand il n'y a plus de capital

Sermaye kalmadığında, ücretli emek de olamaz

Il n'y a pas de différence entre les produits matériels et les produits mentaux

Maddi ürünler ile zihinsel ürünler arasında hiçbir fark yoktur

Le communisme propose que les deux soient produits de la même manière

Komünizm, bunların her ikisinin de aynı şekilde üretildiğini öne sürer

mais les objections contre les modes communistes de production sont les mêmes

ama Komünist üretim tarzlarına karşı itirazlar aynıdır

pour la bourgeoisie, la disparition de la propriété de classe est la disparition de la production elle-même

Burjuvazi için sınıf mülkiyetinin ortadan kalkması, üretimin kendisinin ortadan kalkmasıdır

Ainsi, la disparition de la culture de classe est pour lui identique à la disparition de toute culture

Bu yüzden sınıf kültürünün ortadan kalkması, onun için tüm kültürün ortadan kalkmasıyla özdeştir

Cette culture, dont il déplore la perte, n'est pour l'immense majorité qu'un simple entraînement à agir comme une machine

Kaybından yakındığı bu kültür, büyük çoğunluk için sadece bir makine gibi davranma eğitimidir

Les communistes ont bien l'intention d'abolir la culture de la propriété bourgeoise

Komünistler, burjuva mülkiyet kültürünü ortadan kaldırmaya
çok niyetlidirler

**Mais ne vous querellez pas avec nous tant que vous
appliquez les normes de vos notions bourgeoises de liberté,
de culture, de droit, etc**

Ama burjuvazinin özgürlük, kültür, hukuk vb. kavramlarının
standardını uyguladığınız sürece bizimle kavga etmeyin

**Vos idées mêmes ne sont que le résultat des conditions de
votre production bourgeoise et de la propriété bourgeoise**

Sizin fikirleriniz, Burjuva üretiminizin ve Burjuva
mülkiyetinizin koşullarının bir sonucudur

**de même que votre jurisprudence n'est que la volonté de
votre classe érigée en loi pour tous**

Tıpkı içtihatlarınızın sınıfınızın iradesinin herkes için bir yasa
haline getirilmesi gibi

**Le caractère essentiel et l'orientation de cette volonté sont
déterminés par les conditions économiques créées par votre
classe sociale**

Bu iradenin temel niteliği ve yönü, sosyal sınıfınızın yarattığı
ekonomik koşullar tarafından belirlenir

**L'idée fausse égoïste qui vous pousse à transformer les
formes sociales en lois éternelles de la nature et de la raison**

Toplumsal biçimleri doğanın ve aklın ebedi yasalarına
dönüştürmenize neden olan bencil yanılgı

**les formes sociales qui découlent de votre mode de
production et de votre forme de propriété actuels**

mevcut üretim tarzınızdan ve mülkiyet biçiminizden
kaynaklanan toplumsal biçimler

**des rapports historiques qui naissent et disparaissent dans le
progrès de la production**

Üretimin ilerleyişi içinde yükselen ve kaybolan tarihsel
ilişkiler

**cette idée fausse que vous partagez avec toutes les classes
dirigeantes qui vous ont précédés**

Sizden önceki tüm egemen sınıflarla paylaştığınız bu yanılgı

Ce que vous voyez clairement dans le cas de la propriété ancienne, ce que vous admettez dans le cas de la propriété féodale

Eski mülkiyet söz konusu olduğunda açıkça gördüğünüz şeyi, feodal mülkiyet durumunda kabul ettiğiniz şey

ces choses, il vous est bien entendu interdit de les admettre dans le cas de votre propre forme de propriété bourgeoise

bunları elbette kendi Burjuvazi mülkiyet biçiminiz söz konusu olduğunda kabul etmeniz yasaktır

Abolition de la famille ! Même les plus radicaux s'enflamment devant cette infâme proposition des communistes

Ailenin ortadan kaldırılması! Komünistlerin bu rezil önerisine en radikaller bile alevlendi

Sur quelle base se fonde la famille actuelle, la famille bourgeoise ?

Bugünkü aile, Burjuva ailesi hangi temele dayanmaktadır?

La fondation de la famille actuelle est basée sur le capital et le gain privé

Mevcut ailenin temeli sermaye ve özel kazanca dayanmaktadır

Sous sa forme complètement développée, cette famille n'existe que dans la bourgeoisie

Tamamen gelişmiş biçimiyle bu aile sadece burjuvazi arasında var

Cet état de choses trouve son complément dans l'absence pratique de la famille chez les prolétaires

Bu durum, proleterler arasında ailenin pratik yokluğunda tamamlayıcısını bulur

Cet état de choses se retrouve dans la prostitution publique

Bu durum halka açık bulunabilir

La famille bourgeoise disparaîtra d'office quand son effectif disparaîtra

Burjuvazi ailesi, tamamlayıcısı ortadan kalktığında doğal olarak ortadan kalkacaktır

et l'une et l'autre s'évanouiront avec la disparition du capital

Ve bunların her ikisi de sermayenin yok olmasıyla birlikte ortadan kalkacaktır

Nous accusez-vous de vouloir mettre fin à l'exploitation des enfants par leurs parents ?

Bizi, çocukların ebeveynleri tarafından sömürülmesini durdurmak istemekle mi suçluyorsunuz?

Nous plaidons coupables de ce crime

Bu suçu kabul ediyoruz

Mais, direz-vous, on détruit les relations les plus sacrées, quand on remplace l'éducation à domicile par l'éducation sociale

Ancak, diyeceksiniz ki, ev eğitimini sosyal eğitimle değiştirdiğimizde, en kutsal ilişkileri yok ediyoruz

Votre éducation n'est-elle pas aussi sociale ? Et n'est-elle pas déterminée par les conditions sociales dans lesquelles vous éduquez ?

Eğitiminiz aynı zamanda sosyal değil mi? Ve bu, eğitim verdiğiniz sosyal koşullar tarafından belirlenmiyor mu?

par l'intervention, directe ou indirecte, de la société, par le biais de l'école, etc.

toplumun doğrudan veya dolaylı müdahalesiyle, okullar vb. aracılığıyla.

Les communistes n'ont pas inventé l'intervention de la société dans l'éducation

Komünistler, toplumun eğitime müdahalesini icat etmediler

ils ne cherchent qu'à modifier le caractère de cette intervention

Yaparlar, ancak bu müdahalenin karakterini değiştirmeye çalışırlar

et ils cherchent à sauver l'éducation de l'influence de la classe dirigeante

Ve eğitimi egemen sınıfın etkisinden kurtarmaya çalışıyorlar

La bourgeoisie parle de la relation sacrée du parent et de l'enfant

Burjuvazi, ebeveyn ve çocuğun kutsal birlikteliğinden bahseder

mais ce baratin sur la famille et l'éducation devient d'autant plus répugnant quand on regarde l'industrie moderne

ama aile ve eğitimle ilgili bu alkış tuzağı, Modern Endüstri'ye baktığımızda daha da hale geliyor

Tous les liens familiaux entre les prolétaires sont déchirés par l'industrie moderne

Proleterler arasındaki tüm aile bağları, modern sanayi tarafından parçalanmıştır

Leurs enfants sont transformés en simples objets de commerce et en instruments de travail

Çocukları basit ticaret eşyalarına ve emek araçlarına dönüştürülüyor

Mais vous, communistes, vous créeriez une communauté de femmes, crie en chœur toute la bourgeoisie

Ama siz Komünistler bir kadın topluluğu yaratacaksınız, diye bağırıyor tüm Burjuvazi koro halinde

La bourgeoisie ne voit en sa femme qu'un instrument de production

Burjuvazi karısını sadece bir üretim aracı olarak görür

Il entend dire que les instruments de production doivent être exploités par tous

Üretim araçlarının herkes tarafından sömürülmesi gerektiğini duyar

et, naturellement, il ne peut arriver à aucune autre conclusion que celle d'être commun à tous retombera également sur les femmes

Ve doğal olarak, herkes için ortak olan payın aynı şekilde kadınlara da düşeceğinden başka bir sonuca varamaz

Il ne soupçonne même pas qu'il s'agit en fait d'en finir avec le statut de la femme en tant que simple instrument de production

Asıl meselenin, kadınların salt üretim araçları olarak statüsünü ortadan kaldırmak olduğuna dair en ufak bir şüphesi bile yok

Du reste, rien n'est plus ridicule que l'indignation vertueuse de notre bourgeoisie contre la communauté des femmes

Geri kalanlar için, hiçbir şey Burjuvazimizin kadın topluluğuna duyduğu erdemli öfkeden daha gülünç olamaz **ils prétendent qu'elle doit être établie ouvertement et officiellement par les communistes** Komünistler tarafından açıkça ve resmen kurulmuş gibi davranıyorlar **Les communistes n'ont pas besoin d'introduire la communauté des femmes, elle existe depuis des temps immémoriaux** Komünistlerin kadın topluluğunu tanıtmaya ihtiyaçları yoktur, neredeyse çok eski zamanlardan beri var olmuştur **Notre bourgeoisie ne se contente pas d'avoir à sa disposition les femmes et les filles de ses prolétaires** Burjuvazimiz, proleterlerinin karılarını ve kızlarını emrinde bulundurmakla yetinmez **Ils prennent le plus grand plaisir à séduire les femmes de l'autre** Birbirlerinin eşlerini baştan çıkarmaktan en büyük zevki alırlar **Et cela ne parle même pas des prostituées ordinaires** Ve bu sıradan bahsetmek bile değil **Le mariage bourgeois est en réalité un système d'épouses en commun** Burjuva evliliği gerçekte ortak bir eş sistemidir **puis il y a une chose qu'on pourrait peut-être reprocher aux communistes** o zaman Komünistlerin muhtemelen kınanabileceği bir şey var **Ils souhaitent introduire une communauté de femmes ouvertement légalisée** Açıkça yasallaştırılmış bir kadın topluluğu oluşturmak istiyorlar **plutôt qu'une communauté de femmes hypocritement dissimulée** ikiyüzlü bir şekilde gizlenmiş bir kadın topluluğundan ziyade **la communauté des femmes issues du système de production**

Üretim sisteminden doğan kadın topluluğu

Abolissez le système de production, et vous abolissez la communauté des femmes

Üretim sistemini ortadan kaldırırsanız, kadın topluluğunu da ortadan kaldırırsınız

La prostitution publique est abolie et la prostitution privée

hem kamu fuhuşu kaldırıldı hem de özel

On reproche en outre aux communistes de vouloir abolir les pays et les nationalités

Komünistler, ülkeleri ve milliyetleri ortadan kaldırmayı arzulamakla daha da kınanıyorlar

Les travailleurs n'ont pas de patrie, nous ne pouvons donc pas leur prendre ce qu'ils n'ont pas

Emekçilerin vatanı yok, bu yüzden sahip olmadıkları şeyi onlardan alamayız

Le prolétariat doit d'abord acquérir la suprématie politique

Proletarya her şeyden önce siyasal üstünlüğü ele geçirmelidir

Le prolétariat doit s'élever pour être la classe dirigeante de la nation

Proletarya, ulusun önder sınıfı olmak için yükselmelidir

Le prolétariat doit se constituer en nation

Proletarya kendisini ulus olarak oluşturmalıdır

elle est, jusqu'à présent, elle-même nationale, mais pas dans le sens bourgeois du mot

şimdiye kadar, kelimenin Burjuva anlamında olmasa da, kendisi ulusaldır

Les différences nationales et les antagonismes entre les peuples s'estompent chaque jour davantage

Halklar arasındaki ulusal farklılıklar ve uzlaşmaz karşıtlıklar her geçen gün daha da ortadan kalkıyor

grâce au développement de la bourgeoisie, à la liberté du commerce, au marché mondial

Burjuvazinin gelişmesine, ticaret özgürlüğüne, dünya pazarına

à l'uniformité du mode de production et des conditions de vie qui y correspondent

üretim tarzında ve buna tekabül eden yaşam koşullarında
tekdüzeliğe

La suprématie du prolétariat les fera disparaître encore plus vite

Proletaryanın üstünlüğü onların daha da hızlı yok olmalarına
neden olacaktır

L'action unie, du moins dans les principaux pays civilisés, est une des premières conditions de l'émancipation du prolétariat

En azından önde gelen uygar ülkelerin birleşik eylemi,
proletaryanın kurtuluşunun ilk koşullarından biridir

Dans la mesure où l'exploitation d'un individu par un autre prendra fin, l'exploitation d'une nation par une autre prendra également fin à

Bir bireyin bir başkası tarafından sömürülmesine son verildiği
ölçüde, bir ulusun başka bir ulus tarafından sömürülmesine
de son verilecektir.

À mesure que l'antagonisme entre les classes à l'intérieur de la nation disparaîtra, l'hostilité d'une nation envers une autre prendra fin

Ulus içindeki sınıflar arasındaki uzlaşmaz karşıtlık ortadan
kalktığı ölçüde, bir ulusun diğerine düşmanlığı da sona
erecektir

Les accusations portées contre le communisme d'un point de vue religieux, philosophique et, en général, idéologique, ne méritent pas d'être examinées sérieusement

Komünizme karşı dini, felsefi ve genel olarak ideolojik bir
bakış açısıyla yapılan suçlamalar ciddi bir incelemeyi hak
etmemektedir

Faut-il une intuition profonde pour comprendre que les idées, les vues et les conceptions de l'homme changent à chaque changement dans les conditions de son existence matérielle ?

İnsanın fikirlerinin, görüşlerinin ve kavramlarının, maddi
varoluş koşullarındaki her değişiklikle değiştiğini kavramak
derin bir sezgi gerektirir mi?

N'est-il pas évident que la conscience de l'homme change lorsque ses relations sociales et sa vie sociale changent ?

İnsanın toplumsal ilişkileri ve toplumsal yaşamı değiştiğinde bilincinin de değiştiği açık değil midir?

Qu'est-ce que l'histoire des idées prouve d'autre, sinon que la production intellectuelle change de caractère à mesure que la production matérielle se modifie ?

İdealar tarihi, maddi üretimin değiştiği oranda entelektüel üretimin de karakterini değiştirdiğinden başka neyi kanıtlıyor?

Les idées dominantes de chaque époque ont toujours été les idées de sa classe dirigeante

Her çağın egemen fikirleri, her zaman egemen sınıfın fikirleri olmuştur

Quand on parle d'idées qui révolutionnent la société, on n'exprime qu'un seul fait

İnsanlar toplumda devrim yaratan fikirlerden bahsettiklerinde, sadece bir gerçeği ifade ederler

Au sein de l'ancienne société, les éléments d'une nouvelle société ont été créés

Eski toplum içinde, yeni bir toplumun unsurları yaratılmıştır

et que la dissolution des vieilles idées va de pair avec la dissolution des anciennes conditions d'existence

ve eski fikirlerin çözülmesinin, eski varoluş koşullarının çözülmesine bile ayak uydurduğunu

Lorsque le monde antique était dans ses dernières affresses, les anciennes religions ont été vaincues par le christianisme

Antik dünya son sancılarını yaşarken, eski dinler Hıristiyanlık tarafından alt edildi

Lorsque les idées chrétiennes ont succombé au XVIIIe siècle aux idées rationalistes, la société féodale a mené une bataille à mort contre la bourgeoisie alors révolutionnaire

18. yüzyılda Hıristiyan fikirler rasyonalist fikirlere yenik düştüğünde, feodal toplum o zamanki devrimci burjuvazi ile ölüm kalım savaşına girdi

Les idées de liberté religieuse et de liberté de conscience n'ont fait qu'exprimer l'emprise de la libre concurrence dans le domaine de la connaissance

Din özgürlüğü ve vicdan özgürlüğü fikirleri, yalnızca bilgi alanındaki serbest rekabetin etkisini ifade etti

« Sans doute, dira-t-on, les idées religieuses, morales, philosophiques et juridiques ont été modifiées au cours du développement historique »

"Kuşkusuz" denilecektir, "dini, ahlaki, felsefi ve hukuksal fikirler tarihsel gelişim sürecinde değiştirilmiştir"

Mais la religion, la morale, la philosophie, la science politique et le droit ont constamment survécu à ce changement.

"Ama din, ahlak, felsefe, siyaset bilimi ve hukuk bu değişimden sürekli kurtuldu"

« Il y a aussi des vérités éternelles, telles que la Liberté, la Justice, etc. »

"Özgürlük, Adalet vb. gibi ebedi gerçekler de vardır"

« Ces vérités éternelles sont communes à tous les états de la société »

"Bu ebedi gerçekler toplumun tüm devletleri için ortaktır"

« Mais le communisme abolit les vérités éternelles, il abolit toute religion et toute morale »

"Ama komünizm ebedi gerçekleri ortadan kaldırır, tüm dinleri ve tüm ahlakı ortadan kaldırır."

« il fait cela au lieu de les constituer sur une nouvelle base »

"Yeni bir zeminde oluşturmak yerine bunu yapıyor"

« Elle agit donc en contradiction avec toute l'expérience historique passée »

"Bu nedenle tüm geçmiş tarihsel deneyimlerle çelişiyor"

À quoi se réduit cette accusation ?

Bu suçlama kendini neye indirgiyor?

L'histoire de toute la société passée a consisté dans le développement d'antagonismes de classe

Tüm geçmiş toplumların tarihi, sınıf karşıtlıklarının gelişmesinden ibarettir

antagonismes qui ont pris des formes différentes selon les époques

farklı çağlarda farklı biçimler alan antagonizmalar

Mais quelle que soit la forme qu'ils aient prise, un fait est commun à tous les âges passés

Ancak hangi biçimi almış olurlarsa olsunlar, bir gerçek tüm geçmiş çağlar için ortaktır

l'exploitation d'une partie de la société par l'autre

toplumun bir bölümünün diğeri tarafından sömürülmesi

Il n'est donc pas étonnant que la conscience sociale des âges passés se meuve à l'intérieur de certaines formes communes ou d'idées générales

Öyleyse, geçmiş çağların toplumsal bilincinin belirli ortak biçimler ya da genel fikirler içinde hareket etmesine şaşmamak gerekir

(et ce, malgré toute la multiplicité et la variété qu'il affiche)

(ve bu, sergilediği tüm çokluğa ve çeşitliliğe rağmen)

et ceux-ci ne peuvent disparaître complètement qu'avec la disparition totale des antagonismes de classe

Ve bunlar, sınıf karşıtlıklarının tamamen ortadan kalkması dışında tamamen ortadan kalkamaz

La révolution communiste est la rupture la plus radicale avec les rapports de propriété traditionnels

Komünist devrim, geleneksel mülkiyet ilişkilerinden en radikal kopuştur

Il n'est donc pas étonnant que son développement implique la rupture la plus radicale avec les idées traditionnelles

Gelişiminin geleneksel fikirlerle en radikal kopuşu içermesine şaşmamalı

Mais finissons-en avec les objections de la bourgeoisie contre le communisme

Ama komünizme karşı burjuvazinin itirazlarını bitirelim

Nous avons vu plus haut le premier pas de la révolution de la classe ouvrière

İşçi sınıfının devrimdeki ilk adımını yukarıda gördük

Le prolétariat doit être élevé à la position de dirigeant, pour gagner la bataille de la démocratie

Proletarya, demokrasi savaşını kazanmak için yönetici konumuna yükseltilmelidir

Le prolétariat usera de sa suprématie politique pour arracher peu à peu tout le capital à la bourgeoisie

Proletarya, siyasi üstünlüğünü, tüm sermayeyi burjuvaziden yavaş yavaş çekip almak için kullanacaktır

elle centralisera tous les instruments de production entre les mains de l'État

tüm üretim araçlarını devletin elinde merkezileştirecektir

En d'autres termes, le prolétariat s'est organisé en classe dominante

Başka bir deyişle, proletarya egemen sınıf olarak örgütlendi

et elle augmentera le plus rapidement possible le total des forces productives

Ve üretici güçlerin toplamını mümkün olduğu kadar hızlı bir şekilde artıracaktır

Bien sûr, au début, cela ne peut se faire qu'au moyen d'incursions despotiques dans les droits de propriété

Elbette, başlangıçta, bu, mülkiyet haklarına yönelik despotik saldırılar dışında gerçekleştirilemez

et elle doit être réalisée dans les conditions de la production bourgeoise

ve bu, burjuvazinin üretim koşullarında gerçekleştirilmelidir

Elle est donc réalisée au moyen de mesures qui semblent économiquement insuffisantes et intenables

Bu nedenle, ekonomik olarak yetersiz ve savunulamaz görünen önlemlerle elde edilir

mais ces moyens, dans le cours du mouvement, se dépassent d'eux-mêmes

Ancak bu araçlar, hareket sırasında kendilerini aşar

elles nécessitent de nouvelles incursions dans l'ancien ordre social

eski toplumsal düzene daha fazla girmeyi gerektirirler

et ils sont inévitables comme moyen de révolutionner entièrement le mode de production

ve üretim tarzını tamamen devrimcileştirmenin bir aracı olarak kaçınılmazdırlar

Ces mesures seront bien sûr différentes selon les pays

Bu önlemler elbette farklı ülkelerde farklı olacaktır

Néanmoins, dans les pays les plus avancés, ce qui suit sera assez généralement applicable

Bununla birlikte, en gelişmiş ülkelerde, aşağıdakiler oldukça genel olarak uygulanabilir olacaktır

1. L'abolition de la propriété foncière et l'affectation de toutes les rentes foncières à des fins publiques.

1. Arazi mülkiyetinin kaldırılması ve tüm arazi kiralarının kamu amaçlarına uygulanması.

2. Un impôt sur le revenu progressif ou progressif lourd.

2. Ağır artan oranlı veya kademeli gelir vergisi.

3. Abolition de tout droit d'héritage.

3. Tüm miras hakkının kaldırılması.

4. Confiscation des biens de tous les émigrés et rebelles.

4. Tüm göçmenlerin ve isyancıların mülklerine el konulması.

5. Centralisation du crédit entre les mains de l'État, au moyen d'une banque nationale à capital d'État et monopole exclusif.

5. Devlet sermayesi ve münhasır tekeli olan bir ulusal banka aracılığıyla kredinin Devletin elinde merkezileştirilmesi.

6. Centralisation des moyens de communication et de transport entre les mains de l'État.

6. İletişim ve ulaşım araçlarının Devletin elinde merkezileştirilmesi.

7. Extension des usines et des instruments de production appartenant à l'État

7. Devlete ait fabrikaların ve üretim araçlarının genişletilmesi

la mise en culture des terres incultes, et l'amélioration du sol en général d'après un plan commun.

çorak toprakların işlenmesine başlanması ve toprağın genel olarak ortak bir plana uygun olarak ıslah edilmesi.

8. Responsabilité égale de tous vis-à-vis du travail
8. Herkesin emeğe karşı eşit sorumluluğu
Mise en place d'armées industrielles, notamment pour l'agriculture.
Özellikle tarım için sanayi ordularının kurulması.
9. Combinaison de l'agriculture et des industries manufacturières
9. Tarımın imalat sanayileri ile birleşimi
l'abolition progressive de la distinction entre la ville et la campagne, par une répartition plus égale de la population sur le territoire.
Kasaba ve kır arasındaki ayrımın kademeli olarak kaldırılması, nüfusun ülke üzerinde daha eşit bir şekilde dağıtılması.
10. Gratuité de l'éducation pour tous les enfants dans les écoles publiques.
10. Devlet okullarındaki tüm çocuklar için ücretsiz eğitim.
Abolition du travail des enfants dans les usines sous sa forme actuelle
Fabrika işçiliğinin bugünkü biçimiyle ortadan kaldırılması
Combinaison de l'éducation et de la production industrielle
Eğitimin endüstriyel üretimle birleşimi
Quand, au cours du développement, les distinctions de classe ont disparu
Gelişme sürecinde sınıf ayrımları ortadan kalktığında
et quand toute la production aura été concentrée entre les mains d'une vaste association de toute la nation
ve tüm üretim, tüm ulusun geniş bir birliğinin elinde toplandığında
alors la puissance publique perdra son caractère politique
o zaman kamu gücü siyasi karakterini kaybeder
Le pouvoir politique, proprement dit, n'est que le pouvoir organisé d'une classe pour en opprimer une autre
Siyasal iktidar, doğru bir ifadeyle, bir sınıfın diğerini ezmek için örgütlü iktidarından başka bir şey değildir

Si le prolétariat, dans sa lutte contre la bourgeoisie, est contraint, par la force des choses, de s'organiser en classe
Eğer proletarya, burjuvazi ile mücadelesi sırasında, koşulların zoruyla, kendisini bir sınıf olarak örgütlemeye zorlanırsa

si, par une révolution, elle se fait la classe dominante
eğer bir devrim yoluyla kendisini egemen sınıf haline getirirse

et, en tant que telle, elle balaie par la force les anciennes conditions de production
Ve böylece, eski üretim koşullarını zorla silip süpürür

alors, avec ces conditions, elle aura balayé les conditions d'existence des antagonismes de classes et des classes en général
o zaman, bu koşullarla birlikte, sınıf karşıtlıklarının ve genel olarak sınıfların varoluş koşullarını da ortadan kaldırmış olacaktır

et aura ainsi aboli sa propre suprématie en tant que classe.
ve böylece bir sınıf olarak kendi üstünlüğünü ortadan kaldırmış olacaktır.

A la place de l'ancienne société bourgeoise, avec ses classes et ses antagonismes de classes, nous aurons une association
Sınıfları ve sınıf karşıtlıklarıyla eski burjuva toplumunun yerine, bir birliğimiz olacaktır

une association dans laquelle le libre développement de chacun est la condition du libre développement de tous
Her birinin özgür gelişiminin, herkesin özgür gelişiminin koşulu olduğu bir birlik

1) Le socialisme réactionnaire
1) Gerici Sosyalizm

a) Le socialisme féodal
a) Feodal Sosyalizm

les aristocraties de France et d'Angleterre avaient une position historique unique
Fransa ve İngiltere aristokrasilerinin benzersiz bir tarihsel konumu vardı

c'est devenu leur vocation d'écrire des pamphlets contre la société bourgeoise moderne
modern Burjuva toplumuna karşı broşürler yazmak onların mesleği haline geldi

Dans la révolution française de juillet 1830 et dans l'agitation réformiste anglaise
Temmuz 1830 Fransız Devrimi'nde ve İngiliz reform ajitasyonunda

Ces aristocraties succombèrent de nouveau à l'odieux parvenu
Bu aristokrasiler yine nefret dolu başlangıçlara yenik düştü

Dès lors, il n'était plus question d'une lutte politique sérieuse
O andan itibaren, ciddi bir siyasi yarışma söz konusu değildi

Tout ce qui restait possible, c'était une bataille littéraire, pas une véritable bataille
Mümkün olan tek şey gerçek bir savaş değil, edebi bir savaştı

Mais même dans le domaine de la littérature, les vieux cris de la période de la restauration étaient devenus impossibles
Ancak edebiyat alanında bile restorasyon döneminin eski çığlıkları imkansız hale gelmişti

Pour s'attirer la sympathie, l'aristocratie était obligée de perdre de vue, semble-t-il, ses propres intérêts
Sempati uyandırmak için, aristokrasi, görünüşe göre, kendi çıkarlarını gözden kaçırmak zorunda kaldı

et ils ont été obligés de formuler leur réquisitoire contre la bourgeoisie dans l'intérêt de la classe ouvrière exploitée

ve burjuvaziye karşı iddianamelerini sömürülen işçi sınıfının çıkarları için formüle etmek zorunda kaldılar

C'est ainsi que l'aristocratie prit sa revanche en chantant des pamphlets sur son nouveau maître

Böylece aristokrasi, yeni efendilerine laflar söyleyerek intikamını aldı

et ils prirent leur revanche en lui murmurant à l'oreille de sinistres prophéties de catastrophe à venir

ve yaklaşan felaketin uğursuz kehanetlerini kulaklarına fısıldayarak intikamlarını aldılar

C'est ainsi qu'est né le socialisme féodal : moitié lamentation, moitié moquerie

Bu şekilde Feodal Sosyalizm ortaya çıktı: yarı ağıt, yarı lamba

Il sonnait comme un demi-écho du passé, et projetait une demi-menace de l'avenir

Geçmişin yarı yankısı olarak çaldı ve geleceğin yarı tehdidi olarak yansıtıldı

parfois, par sa critique acerbe, spirituelle et incisive, il frappait la bourgeoisie au plus profond de lui-même

zaman zaman acı, nükteli ve keskin eleştirileriyle burjuvaziyi derinden vurdu

mais elle a toujours été ridicule dans son effet, par l'incapacité totale de comprendre la marche de l'histoire moderne

ama modern tarihin ilerleyişini kavrama konusundaki tam yetersizliği nedeniyle etkisi her zaman gülünçtü

L'aristocratie, pour rallier le peuple à elle, agitait le sac d'aumône prolétarien en guise de bannière

Aristokrasi, halkı kendilerine toplamak için, proleter sadaka torbasını bir pankart için salladılar

Mais le peuple, toutes les fois qu'il se joignait à lui, voyait sur son arrière-train les anciennes armoiries féodales

Ama halk, sık sık onlara katılır katılmaz, arka taraflarında eski feodal armalar gördüler

et ils désertèrent avec des rires bruyants et irrévérencieux
ve yüksek sesle ve saygısız kahkahalarla firar ettiler
Une partie des légitimistes français et de la « Jeune Angleterre » offrit ce spectacle
Fransız Meşruiyetçilerinin ve "Genç İngiltere"nin bir kesimi bu gösteriyi sergiledi
les féodaux ont fait remarquer que leur mode d'exploitation était différent de celui de la bourgeoisie
feodaller, sömürü biçimlerinin burjuvazininkinden farklı olduğuna dikkat çektiler
Les féodaux oublient qu'ils ont exploité dans des circonstances et des conditions tout à fait différentes
Feodalistler, oldukça farklı koşullar ve koşullar altında sömürdüklerini unutuyorlar
Et ils n'ont pas remarqué que de telles méthodes d'exploitation sont maintenant désuètes
Ve bu tür sömürü yöntemlerinin artık modası geçmiş olduğunu fark etmediler
Ils ont montré que, sous leur domination, le prolétariat moderne n'a jamais existé
Onlar, kendi egemenlikleri altında modern proletaryanın hiçbir zaman var olmadığını gösterdiler
mais ils oublient que la bourgeoisie moderne est le produit nécessaire de leur propre forme de société
ama modern burjuvazinin kendi toplum biçimlerinin zorunlu ürünü olduğunu unutuyorlar
Pour le reste, ils dissimulent à peine le caractère réactionnaire de leur critique
Geri kalanı için, eleştirilerinin gerici karakterini pek gizlemiyorlar
Leur principale accusation contre la bourgeoisie se résume à ceci
Burjuvaziye yönelttikleri başlıca suçlamalar şu şekildedir
sous le régime bourgeois, une classe sociale se développe
Burjuva rejimi altında bir sosyal sınıf gelişiyor

Cette classe sociale est destinée à découper de fond en comble l'ancien ordre de la société

Bu sosyal sınıf, toplumun eski düzenini kökten kesmeye ve dallandırmaya yazgılıdır

Ce qu'ils reprochent à la bourgeoisie, ce n'est pas tant qu'elle crée un prolétariat

Burjuvaziyi yükselttikleri şey, bir proletarya yaratacak kadar değildir

ce qu'ils reprochent à la bourgeoisie, c'est plutôt de créer un prolétariat révolutionnaire

Burjuvaziyi örttüğü şey, daha çok, devrimci bir proletarya yaratmasıdır

Dans la pratique politique, ils se joignent donc à toutes les mesures coercitives contre la classe ouvrière

Bu nedenle, siyasi pratikte, işçi sınıfına karşı her türlü zorlayıcı önlemde birleşirler

Et dans la vie ordinaire, malgré leurs phrases hautaines, ils s'abaissent à ramasser les pommes d'or tombées de l'arbre de l'industrie

Ve sıradan hayatta, yüksek falutin ifadelerine rağmen, sanayi ağacından düşen altın elmaları almak için eğilirler

et ils troquent la vérité, l'amour et l'honneur contre le commerce de la laine, du sucre de betterave et de l'eau-de-vie de pommes de terre

Yün, pancar-şeker ve patates içkisi ticareti için gerçeği, sevgiyi ve onuru takas ederler

De même que le pasteur a toujours marché main dans la main avec le propriétaire foncier, il en a été de même du socialisme clérical et du socialisme féodal

Papazın toprak sahibiyle el ele gittiği gibi, Ruhban Sosyalizmi de Feodal Sosyalizmle el ele gitmiştir

Rien n'est plus facile que de donner à l'ascétisme chrétien une teinte socialiste

Hıristiyan çileciliğine sosyalist bir renk vermekten daha kolay bir şey yoktur

Le christianisme n'a-t-il pas déclamé contre la propriété privée, contre le mariage, contre l'État ?

Hıristiyanlık özel mülkiyete, evliliğe, devlete karşı çıkmadı mı?

Le christianisme n'a-t-il pas prêché à la place de la charité et de la pauvreté ?

Hıristiyanlık bunların yerine hayırseverlik ve fakirlik vaaz etmedi mi?

Le christianisme ne prêche-t-il pas le célibat et la mortification de la chair, de la vie monastique et de l'Église mère ?

Hıristiyanlık, bekarlığı ve bedenin aşağılanmasını, manastır yaşamını ve Ana Kilise'yi vaaz etmiyor mu?

Le socialisme chrétien n'est que l'eau bénite avec laquelle le prêtre consacre les brûlures du cœur de l'aristocrate

Hıristiyan Sosyalizmi, rahibin aristokratın yürek yakmalarını kutsadığı kutsal sudan başka bir şey değildir

b) Le socialisme petit-bourgeois
b) Küçük-Burjuva Sosyalizmi

L'aristocratie féodale n'est pas la seule classe ruinée par la bourgeoisie
Feodal aristokrasi, burjuvazi tarafından mahvedilen tek sınıf değildi
ce n'était pas la seule classe dont les conditions d'existence languissaient et périssaient dans l'atmosphère de la société bourgeoise moderne
varoluş koşulları modern Burjuva toplumunun atmosferinde sıkışıp kalan tek sınıf değildi
Les bourgeois médiévaux et les petits propriétaires paysans ont été les précurseurs de la bourgeoisie moderne
Ortaçağ kentlileri ve küçük köylü mülk sahipleri, modern burjuvazinin öncüleriydi
Dans les pays peu développés, tant au point de vue industriel que commercial, ces deux classes végètent encore côte à côte
Sınaî ve ticarî bakımdan çok az gelişmiş olan ülkelerde, bu iki sınıf hâlâ yan yana bitkisel hayatta
et pendant ce temps, la bourgeoisie se lève à côté d'eux : industriellement, commercialement et politiquement
ve bu arada burjuvazi onların yanında ayağa kalkar: endüstriyel, ticari ve politik olarak
Dans les pays où la civilisation moderne s'est pleinement développée, une nouvelle classe de petite bourgeoisie s'est formée
Modern uygarlığın tam olarak geliştiği ülkelerde, yeni bir küçük-burjuvazi sınıfı oluşmuştur
cette nouvelle classe sociale oscille entre le prolétariat et la bourgeoisie
bu yeni sosyal sınıf, proletarya ve burjuvazi arasında dalgalanmaktadır
et elle se renouvelle sans cesse en tant que partie supplémentaire de la société bourgeoise

ve Burjuva toplumunun tamamlayıcı bir parçası olarak kendini sürekli yeniliyor

Cependant, les membres individuels de cette classe sont constamment précipités dans le prolétariat

Ne var ki, bu sınıfın tek tek üyeleri, sürekli olarak proletaryanın içine atılmaktadır

ils sont aspirés par le prolétariat par l'action de la concurrence

Rekabet eylemi yoluyla proletarya tarafından emilirler

Au fur et à mesure que l'industrie moderne se développe, ils voient même approcher le moment où ils disparaîtront complètement en tant que section indépendante de la société moderne

Modern sanayi geliştikçe, modern toplumun bağımsız bir kesimi olarak tamamen ortadan kalkacakları anın yaklaştığını bile görüyorlar

ils seront remplacés, dans les manufactures, l'agriculture et le commerce, par des surveillants, des huissiers et des boutiquiers

İmalat sanayinde, tarımda ve ticarette onların yerini gözetmenler, icra memurları ve esnaflar alacak

Dans des pays comme la France, où les paysans représentent bien plus de la moitié de la population

Köylülerin nüfusun yarısından fazlasını oluşturduğu Fransa gibi ülkelerde

il était naturel qu'il y ait des écrivains qui se rangent du côté du prolétariat contre la bourgeoisie

Burjuvaziye karşı proletaryanın yanında yer alan yazarların olması doğaldı

dans leur critique du régime bourgeois, ils utilisaient l'étendard de la bourgeoisie paysanne et de la petite bourgeoisie

Burjuva rejimini eleştirirken köylü ve küçük burjuvazinin standardını kullandılar

et, du point de vue de ces classes intermédiaires, ils prennent le relais de la classe ouvrière

Ve bu ara sınıfların bakış açısından, işçi sınıfı için sopaları ele alıyorlar

C'est ainsi qu'est né le socialisme petit-bourgeois, dont Sismondi était le chef de cette école, non seulement en France, mais aussi en Angleterre

Böylece, Sismondi'nin bu okulun başkanı olduğu küçük-burjuva sosyalizmi, yalnızca Fransa'da değil, İngiltere'de de ortaya çıktı

Cette école du socialisme a disséqué avec une grande acuité les contradictions des conditions de la production moderne

Bu sosyalizm okulu, modern üretim koşullarındaki çelişkileri büyük bir keskinlikle inceledi

Cette école a mis à nu les excuses hypocrites des économistes

Bu okul, iktisatçıların ikiyüzlü özürlerini gözler önüne serdi

Cette école prouva sans conteste les effets désastreux du machinisme et de la division du travail

Bu okul, makinelerin ve işbölümünün yıkıcı etkilerini inkar edilemez bir şekilde kanıtladı

elle prouvait la concentration du capital et de la terre entre quelques mains

Sermayenin ve toprağın birkaç elde toplandığını kanıtladı

elle a prouvé comment la surproduction conduit à des crises bourgeoises

aşırı üretimin nasıl burjuva krizlerine yol açtığını kanıtladı

il soulignait la ruine inévitable de la petite bourgeoisie et des paysans

küçük-burjuvazinin ve köylünün kaçınılmaz yıkımına işaret ediyordu

la misère du prolétariat, l'anarchie de la production, les inégalités criantes dans la répartition des richesses

proletaryanın sefaleti, üretimdeki anarşi, servetin dağılımındaki haykıran eşitsizlikler

Il a montré comment le système de production mène la guerre industrielle d'extermination entre les nations

Üretim sisteminin, uluslar arasındaki endüstriyel imha savaşına nasıl yol açtığını gösterdi

la dissolution des vieux liens moraux, des vieilles relations familiales, des vieilles nationalités

eski ahlaki bağların, eski aile ilişkilerinin, eski milliyetlerin çözülmesi

Dans ses objectifs positifs, cependant, cette forme de socialisme aspire à réaliser l'une des deux choses suivantes

Bununla birlikte, olumlu amaçlarında, sosyalizmin bu biçimi iki şeyden birini başarmayı amaçlamaktadır

soit elle vise à restaurer les anciens moyens de production et d'échange

Ya eski üretim ve değişim araçlarını yeniden kurmayı hedefliyor

et avec les anciens moyens de production, elle rétablirait les anciens rapports de propriété et l'ancienne société

Ve eski üretim araçlarıyla, eski mülkiyet ilişkilerini ve eski toplumu yeniden kuracaktı

ou bien elle vise à enfermer les moyens modernes de production et d'échange dans l'ancien cadre des rapports de propriété

ya da modern üretim ve mübadele araçlarını mülkiyet ilişkilerinin eski çerçevesine sıkıştırmayı amaçlar

Dans un cas comme dans l'autre, elle est à la fois réactionnaire et utopique

Her iki durumda da hem gerici hem de ütopiktir

Ses derniers mots sont : guildes corporatives pour la fabrication, relations patriarcales dans l'agriculture

Son sözleri şunlardır: üretim için şirket loncaları, tarımda ataerkil ilişkiler

En fin de compte, lorsque les faits historiques obstinés ont dispersé tous les effets enivrants de l'auto-tromperie

Nihayetinde, inatçı tarihsel gerçekler, kendini aldatmanın tüm sarhoş edici etkilerini dağıttığında

cette forme de socialisme se termina par un misérable accès de pitié

Sosyalizmin bu biçimi sefil bir acıma nöbetiyle sona erdi

c) Le socialisme allemand, ou « vrai »
c) Alman ya da "Gerçek" Sosyalizm

La littérature socialiste et communiste de France est née sous la pression d'une bourgeoisie au pouvoir
Fransa'nın Sosyalist ve Komünist edebiyatı, iktidardaki bir Burjuvazinin baskısı altında ortaya çıktı
Et cette littérature était l'expression de la lutte contre ce pouvoir
Ve bu edebiyat, bu iktidara karşı mücadelenin ifadesiydi
elle a été introduite en Allemagne à une époque où la bourgeoisie venait de commencer sa lutte contre l'absolutisme féodal
Burjuvazinin feodal mutlakiyetçilikle mücadelesine yeni başladığı bir dönemde Almanya'ya tanıtıldı
Les philosophes allemands, les prétendus philosophes et les beaux esprits, s'emparèrent avidement de cette littérature
Alman filozoflar, müstakbel filozoflar ve beaux espritler bu literatüre hevesle sarıldılar
mais ils oubliaient que les écrits avaient émigré de France en Allemagne sans apporter avec eux les conditions sociales françaises
ama yazıların Fransa'dan Almanya'ya göç ettiğini ve Fransız toplumsal koşullarını beraberinde getirmediğini unuttular
Au contact des conditions sociales allemandes, cette littérature française perd toute sa signification pratique immédiate
Alman toplumsal koşullarıyla temas halinde, bu Fransız edebiyatı tüm dolaysız pratik önemini yitirdi
et la littérature communiste de France a pris un aspect purement littéraire dans les cercles académiques allemands
ve Fransa'nın Komünist edebiyatı, Alman akademik çevrelerinde tamamen edebi bir yön kazandı
Ainsi, les exigences de la première Révolution française n'étaient rien d'autre que les exigences de la « raison pratique »

Bu nedenle, ilk Fransız Devrimi'nin talepleri, "Pratik Aklın" taleplerinden başka bir şey değildi

et l'expression de la volonté de la bourgeoisie française révolutionnaire signifiait à leurs yeux la loi de la volonté pure

ve devrimci Fransız Burjuvazisinin iradesinin dile getirilmesi, onların gözünde saf irade yasasını ifade ediyordu

il signifiait la Volonté telle qu'elle devait être ; de la vraie Volonté humaine en général

olması gerektiği gibi İrade'yi ifade ediyordu; genel olarak gerçek insan iradesinin

Le monde des lettrés allemands ne consistait qu'à mettre les nouvelles idées françaises en harmonie avec leur ancienne conscience philosophique

Alman edebiyatçılarının dünyası, yalnızca yeni Fransız fikirlerini eski felsefi vicdanlarıyla uyumlu hale getirmekten ibaretti

ou plutôt, ils ont annexé les idées françaises sans déserter leur propre point de vue philosophique

daha doğrusu, kendi felsefi bakış açılarını terk etmeden Fransız fikirlerini ilhak ettiler

Cette annexion s'est faite de la même manière que l'on s'approprie une langue étrangère, c'est-à-dire par la traduction

Bu ilhak, yabancı bir dilin sahiplenildiği şekilde, yani çeviri yoluyla gerçekleşti

Il est bien connu comment les moines ont écrit des vies stupides de saints catholiques sur des manuscrits

Keşişlerin el yazmaları üzerine Katolik Azizlerin aptalca hayatlarını nasıl yazdıkları iyi bilinmektedir

les manuscrits sur lesquels les œuvres classiques de l'ancien paganisme avaient été écrites

Eski putperestliğin klasik eserlerinin yazıldığı el yazmaları

Les lettrés allemands ont inversé ce processus avec la littérature française profane

Alman edebiyatçıları bu süreci saygısız Fransız edebiyatıyla tersine çevirdiler

Ils ont écrit leurs absurdités philosophiques sous l'original français

Felsefi saçmalıklarını Fransızca aslının altına yazdılar

Par exemple, sous la critique française des fonctions économiques de l'argent, ils ont écrit « L'aliénation de l'humanité »

Örneğin, Fransızların paranın ekonomik işlevlerine yönelik eleştirilerinin altına "İnsanlığın Yabancılaşması"nı yazdılar

au-dessous de la critique française de l'État bourgeois, ils écrivaient « détrônement de la catégorie du général »

Fransızların Burjuva Devletine yönelik eleştirisinin altına "Genel Kategorisinin Tahttan İndirilmesi" yazdılar

L'introduction de ces phrases philosophiques à la fin des critiques historiques françaises qu'ils ont baptisées :

Bu felsefi ifadelerin Fransız tarih eleştirilerinin arkasına girmesi:

« Philosophie de l'action », « Vrai socialisme », « Science allemande du socialisme », « Fondement philosophique du socialisme », etc

"Eylem Felsefesi", "Gerçek Sosyalizm", "Alman Sosyalizm Bilimi", "Sosyalizmin Felsefi Temeli" vb.

La littérature socialiste et communiste française est ainsi complètement émasculée

Fransız Sosyalist ve Komünist edebiyatı böylece tamamen iğdiş edildi

entre les mains des philosophes allemands, elle cessa d'exprimer la lutte d'une classe contre l'autre

Alman filozoflarının elinde, bir sınıfın diğeriyle mücadelesini ifade etmekten vazgeçti

et c'est ainsi que les philosophes allemands se sentaient conscients d'avoir surmonté « l'unilatéralité française »

ve böylece Alman filozoflar "Fransız tek taraflılığının" üstesinden geldiklerinin bilincinde hissettiler

Il n'avait pas à représenter de vraies exigences, mais plutôt des exigences de vérité

Gerçek gereksinimleri temsil etmek zorunda değildi, daha ziyade gerçeğin gereksinimlerini temsil ediyordu

il n'y avait pas d'intérêt pour le prolétariat, mais plutôt pour la nature humaine

proletaryaya ilgi yoktu, daha ziyade İnsan Doğasına ilgi vardı

l'intérêt était dans l'Homme en général, qui n'appartient à aucune classe et n'a pas de réalité

ilgi, genel olarak hiçbir sınıfa ait olmayan ve gerçekliği olmayan insandaydı

un homme qui n'existe que dans le royaume brumeux de la fantaisie philosophique

sadece felsefi fantezinin puslu aleminde var olan bir adam

mais finalement, ce socialisme allemand d'écolier perdit aussi son innocence pédante

ama sonunda bu okul çocuğu Alman Sosyalizmi de bilgiçlik taslayan masumiyetini kaybetti

la bourgeoisie allemande, et surtout la bourgeoisie prussienne, luttait contre l'aristocratie féodale

Alman Burjuvazisi ve özellikle Prusya Burjuvazisi feodal aristokrasiye karşı savaştı

la monarchie absolue de l'Allemagne et de la Prusse était également combattue

Almanya ve Prusya'nın mutlak monarşisine karşı da mücadele ediliyordu

Et à son tour, la littérature du mouvement libéral est également devenue plus sérieuse

Ve buna karşılık, liberal hareketin edebiyatı da daha ciddi hale geldi

L'Allemagne a eu l'occasion longtemps souhaitée par le « vrai » socialisme de se voir offrir

Almanya'nın uzun zamandır arzuladığı "gerçek" sosyalizm fırsatı sunuldu

l'occasion de confronter le mouvement politique aux revendications socialistes

siyasi hareketin karşısına sosyalist taleplerle çıkma fırsatı

l'occasion de jeter les anathèmes traditionnels contre le libéralisme

Liberalizme karşı geleneksel aforozları fırlatma fırsatı

l'occasion d'attaquer le gouvernement représentatif et la concurrence bourgeoise

temsili hükümete ve Burjuva rekabetine saldırma fırsatı

Liberté de la presse bourgeoise, législation bourgeoise, liberté et égalité bourgeoise

Burjuvazi basın özgürlüğü, Burjuvazi yasama, Burjuvazi özgürlüğü ve eşitliği

Tout cela pourrait maintenant être critiqué dans le monde réel, plutôt que dans la fantaisie

Bunların hepsi artık fanteziden ziyade gerçek dünyada eleştirilebilir

L'aristocratie féodale et la monarchie absolue prêchaient depuis longtemps aux masses

Feodal aristokrasi ve mutlak monarşi uzun zamandır kitlelere vaaz veriyordu

« L'ouvrier n'a rien à perdre, et il a tout à gagner »

"Emekçinin kaybedecek hiçbir şeyi yoktur ve kazanacak her şeyi vardır"

le mouvement bourgeois offrait aussi une chance de se confronter à ces platitudes

Burjuva hareketi de bu basmakalıp sözlerle yüzleşmek için bir şans sundu

la critique française présupposait l'existence d'une société bourgeoise moderne

Fransız eleştirisi, modern burjuva toplumunun varlığını varsayıyordu

Conditions économiques d'existence de la bourgeoisie et constitution politique de la bourgeoisie

Burjuvazinin ekonomik varoluş koşulları ve burjuvazinin siyasal kuruluşu

les choses mêmes dont la réalisation était l'objet de la lutte imminente en Allemagne

Almanya'da bekleyen mücadelenin amacı olan şeyler

L'écho stupide du socialisme en Allemagne a abandonné ces objectifs juste à temps

Almanya'nın aptalca sosyalizm yankısı, bu hedefleri tam zamanında terk etti

Les gouvernements absolus avaient leur suite de pasteurs, de professeurs, d'écuyers de campagne et de fonctionnaires

Mutlak hükümetlerin papazları, profesörleri, ülke yaverlerini ve memurlarını takip etmeleri gerekiyordu

le gouvernement de l'époque a répondu aux soulèvements de la classe ouvrière allemande par des coups de fouet et des balles

zamanın hükümeti, Alman işçi sınıfı ayaklanmalarını dövülerek ve kurşunlarla karşıladı

pour eux, ce socialisme était un épouvantail bienvenu contre la bourgeoisie menaçante

onlar için bu sosyalizm, tehditkar Burjuvaziye karşı hoş bir korkuluk işlevi gördü

et le gouvernement allemand a pu offrir un dessert sucré après les pilules amères qu'il a distribuées

ve Alman hükümeti dağıttığı acı haplardan sonra tatlı bir tatlı sunabildi

ce « vrai » socialisme servait donc aux gouvernements d'arme pour combattre la bourgeoisie allemande

bu "Gerçek" Sosyalizm, böylece hükümetlere Alman Burjuvazisine karşı savaşmak için bir silah olarak hizmet etti

et, en même temps, il représentait directement un intérêt réactionnaire ; celle des Philistins allemands

ve aynı zamanda, doğrudan gerici bir çıkarı temsil ediyordu; Alman Filistinlilerininki

En Allemagne, la petite bourgeoisie est la véritable base sociale de l'état de choses actuel

Almanya'da küçük-burjuva sınıfı, mevcut durumun gerçek toplumsal temelidir

une relique du XVIe siècle qui n'a cessé de surgir sous diverses formes

sürekli olarak çeşitli biçimler altında ortaya çıkan on altıncı yüzyılın bir kalıntısı

Conserver cette classe, c'est préserver l'état de choses existant en Allemagne

Bu sınıfı korumak, Almanya'daki mevcut durumu korumak demektir

La suprématie industrielle et politique de la bourgeoisie menace la petite bourgeoisie d'une destruction certaine

Burjuvazinin sınai ve siyasal üstünlüğü, küçük-burjuvaziyi kesin bir yıkımla tehdit etmektedir

d'une part, elle menace de détruire la petite bourgeoisie par la concentration du capital

bir yandan, sermayenin yoğunlaşması yoluyla küçük-burjuvaziyi yok etme tehdidinde bulunur

d'autre part, la bourgeoisie menace de la détruire par l'avènement d'un prolétariat révolutionnaire

öte yandan, burjuvazi, devrimci bir proletaryanın yükselişi yoluyla onu yok etmekle tehdit eder

Le « vrai » socialisme semblait faire d'une pierre deux coups. Il s'est répandu comme une épidémie

"Gerçek" sosyalizm bu iki kuş vurulmuş gibi görünüyordu. Salgın gibi yayıldı

La robe de toiles d'araignées spéculatives, brodée de fleurs de rhétorique, trempée dans la rosée du sentiment maladif

Spekülatif örümcek ağlarının cübbesi, retorik çiçekleriyle işlenmiş, hastalıklı duyguların çiyiyle demlenmişti

cette robe transcendantale dans laquelle les socialistes allemands enveloppaient leurs tristes « vérités éternelles »

Alman Sosyalistlerinin üzücü "ebedi gerçeklerini" sardıkları bu aşkın cübbe

tout de peau et d'os, servaient à augmenter merveilleusement la vente de leurs marchandises auprès d'un public aussi

Tüm deri ve kemik, böyle bir halk arasında mallarının satışını harika bir şekilde artırmaya hizmet etti

Et de son côté, le socialisme allemand reconnaissait de plus en plus sa propre vocation

Ve Alman Sosyalizmi kendi adına, kendi çağrısını giderek daha fazla kabul etti

on l'appelait à être le représentant grandiloquent de la petite-bourgeoisie philistine

küçük-burjuva darkafalılığın gösterişli temsilcisi olarak adlandırıldı

Il proclamait que la nation allemande était la nation modèle, et le petit philistin allemand l'homme modèle

Alman ulusunu model ulus ve Alman küçük Filistinli'yi model insan ilan etti

À chaque méchanceté de cet homme modèle, elle donnait une interprétation socialiste cachée, plus élevée

Bu örnek insanın her kötü alçaklığına gizli, daha yüksek, Sosyalist bir yorum verdi

cette interprétation socialiste supérieure était l'exact contraire de son caractère réel

bu daha yüksek, Sosyalist yorum, gerçek karakterinin tam tersiydi

Il est allé jusqu'à s'opposer directement à la tendance « brutalement destructrice » du communisme

Komünizmin "vahşice yıkıcı" eğilimine doğrudan karşı çıkmanın en uç noktasına kadar gitti

et il proclamait son mépris suprême et impartial de toutes les luttes de classes

ve tüm sınıf mücadelelerini yüce ve tarafsız bir şekilde küçümsediğini ilan etti

À de très rares exceptions près, toutes les publications dites socialistes et communistes qui circulent aujourd'hui (1847) en Allemagne appartiennent au domaine de cette littérature nauséabonde et énervante

Çok az istisna dışında, şimdi (1847) Almanya'da dolaşan tüm sözde Sosyalist ve Komünist yayınlar bu ve sinir bozucu literatürün alanına aittir

2) Le socialisme conservateur ou le socialisme bourgeois
2) Muhafazakar Sosyalizm veya Burjuva Sosyalizmi

Une partie de la bourgeoisie est désireuse de redresser les griefs sociaux
Burjuvazinin bir kısmı toplumsal sıkıntıları gidermeyi arzuluyor
afin d'assurer la pérennité de la société bourgeoise
Burjuva toplumunun varlığını sürdürmesini güvence altına almak için
C'est à cette section qu'appartiennent les économistes, les philanthropes, les humanitaires
Bu bölüme ekonomistler, hayırseverler, insani yardım görevlileri aittir
améliorateurs de la condition de la classe ouvrière et organisateurs de la charité
İşçi sınıfının durumunu iyileştirenler ve hayırseverlik örgütleyicileri
membres des sociétés de prévention de la cruauté envers les animaux
Hayvanlara Zulmü Önleme Dernekleri üyeleri
fanatiques de la tempérance, réformateurs de toutes sortes imaginables
Ölçülülük fanatikleri, akla gelebilecek her türden delik ve köşe reformcuları
Cette forme de socialisme a, d'ailleurs, été élaborée en systèmes complets
Üstelik, sosyalizmin bu biçimi, tam sistemler halinde işlenmiştir
On peut citer la « Philosophie de la Misère » de Proudhon comme exemple de cette forme
Proudhon'un "Philosophie de la Misère"ini bu biçime örnek olarak gösterebiliriz
La bourgeoisie socialiste veut tous les avantages des conditions sociales modernes

Sosyalist burjuvazi, modern toplumsal koşulların tüm avantajlarını istemektedir

mais la bourgeoisie socialiste ne veut pas nécessairement des luttes et des dangers qui en résultent

ama Sosyalist Burjuvazi bunun sonucunda ortaya çıkan mücadeleleri ve tehlikeleri istemez

Ils désirent l'état actuel de la société, sans ses éléments révolutionnaires et désintégrateurs

Toplumun mevcut durumunu, devrimci ve parçalanan unsurları eksiltmek istiyorlar

c'est-à-dire qu'ils veulent une bourgeoisie sans prolétariat

başka bir deyişle, proletaryasız bir burjuvazi istiyorlar

La bourgeoisie conçoit naturellement le monde dans lequel elle est souveraine d'être la meilleure

Burjuvazi doğal olarak en iyi olmanın en üstün olduğu dünyayı kavrar

et le socialisme bourgeois développe cette conception confortable en divers systèmes plus ou moins complets

ve Burjuva Sosyalizmi bu rahat anlayışı az çok eksiksiz çeşitli sistemler halinde geliştirir

ils voudraient beaucoup que le prolétariat marche droit dans la Nouvelle Jérusalem sociale

proletaryanın doğrudan doğruya toplumsal Yeni Kudüs'e yürümesini çok istiyorlar

Mais en réalité, elle exige du prolétariat qu'il reste dans les limites de la société existante

ama gerçekte, proletaryanın mevcut toplumun sınırları içinde kalmasını gerektirir

ils demandent au prolétariat de se débarrasser de toutes ses idées haineuses sur la bourgeoisie

proletaryadan, burjuvazi hakkındaki tüm nefret dolu düşüncelerini bir kenara atmasını istiyorlar

il y a une seconde forme plus pratique, mais moins systématique, de ce socialisme

bu sosyalizmin daha pratik, ama daha az sistematik ikinci bir biçimi daha var

Cette forme de socialisme cherchait à déprécier tout mouvement révolutionnaire aux yeux de la classe ouvrière

Sosyalizmin bu biçimi, her devrimci hareketi işçi sınıfının gözünde değersizleştirmeye çalışıyordu

Ils soutiennent qu'aucune simple réforme politique ne pourrait leur être d'un quelconque avantage

Hiçbir siyasi reformun kendilerine herhangi bir fayda sağlayamayacağını savunuyorlar

Seul un changement dans les conditions matérielles d'existence dans les relations économiques est bénéfique

Ekonomik ilişkilerde yalnızca maddi varoluş koşullarındaki bir değişiklik yararlıdır

Comme le communisme, cette forme de socialisme prône un changement des conditions matérielles d'existence

Komünizm gibi, bu sosyalizm biçimi de maddi varoluş koşullarında bir değişikliği savunur

Cependant, cette forme de socialisme ne suggère nullement l'abolition des rapports de production bourgeois

Ne var ki, sosyalizmin bu biçimi, hiçbir şekilde burjuvazinin üretim ilişkilerinin ortadan kaldırılması anlamına gelmez

l'abolition des rapports de production bourgeois ne peut se faire que par la révolution

Burjuvazinin üretim ilişkilerinin ortadan kaldırılması ancak bir devrimle sağlanabilir

Mais au lieu d'une révolution, cette forme de socialisme suggère des réformes administratives

Ancak bir devrim yerine, bu sosyalizm biçimi idari reformlar önerir

et ces réformes administratives seraient fondées sur la pérennité de ces relations

Ve bu idari reformlar, bu ilişkilerin varlığının devamına dayanacaktır

réformes qui n'affectent en rien les rapports entre le capital et le travail

Bu nedenle, sermaye ile emek arasındaki ilişkileri hiçbir şekilde etkilemeyen reformlar

au mieux, de telles réformes réduisent le coût et simplifient le travail administratif du gouvernement bourgeois

en iyi ihtimalle, bu tür reformlar maliyeti düşürür ve Burjuva hükümetinin idari işlerini basitleştirir

Le socialisme bourgeois atteint une expression adéquate lorsque, et seulement lorsque, il devient une simple figure de style

Burjuva sosyalizmi, ancak ve ancak sadece bir konuşma şekli haline geldiği zaman yeterli ifadeye kavuşur

Le libre-échange : au profit de la classe ouvrière

Serbest ticaret: işçi sınıfının yararına

Les devoirs protecteurs : au profit de la classe ouvrière

Koruyucu görevler: işçi sınıfının yararına

Réforme pénitentiaire : au profit de la classe ouvrière

Hapishane Reformu: İşçi Sınıfının Yararına

C'est le dernier mot et le seul mot sérieux du socialisme bourgeois

Bu, Burjuva Sosyalizminin son sözü ve ciddi anlamda söylenen tek sözüdür

Elle se résume dans la phrase : la bourgeoisie est une bourgeoisie au profit de la classe ouvrière

Şu cümleyle özetlenir: Burjuvazi, işçi sınıfının yararına bir Burjuvazidir

3) Socialisme et communisme utopiques critiques
3) Eleştirel-Ütopik Sosyalizm ve Komünizm

Nous ne nous référons pas ici à la littérature qui a toujours donné la parole aux revendications du prolétariat
Burada, proletaryanın taleplerini her zaman dile getirmiş olan literatüre atıfta bulunmuyoruz
cela a été présent dans toutes les grandes révolutions modernes, comme les écrits de Babeuf et d'autres
bu, Babeuf ve diğerlerinin yazıları gibi her büyük modern devrimde mevcut olmuştur
Les premières tentatives directes du prolétariat pour parvenir à ses propres fins échouèrent nécessairement
Proletaryanın kendi amaçlarına ulaşmaya yönelik ilk doğrudan girişimleri zorunlu olarak başarısız oldu
Ces tentatives ont été faites dans des temps d'effervescence universelle, lorsque la société féodale était renversée
Bu girişimler, feodal toplumun devrildiği evrensel heyecan zamanlarında yapıldı
L'état alors peu développé du prolétariat a conduit à l'échec de ces tentatives
Proletaryanın o zamanki gelişmemiş durumu, bu girişimlerin başarısız olmasına yol açtı
et ils ont échoué en raison de l'absence des conditions économiques pour son émancipation
ve kurtuluşu için ekonomik koşulların yokluğu nedeniyle başarısız oldular
conditions qui n'avaient pas encore été produites, et qui ne pouvaient être produites que par l'époque de la bourgeoisie
henüz üretilmemiş ve yalnızca yaklaşmakta olan Burjuvazi çağı tarafından üretilebilecek koşullar
La littérature révolutionnaire qui accompagnait ces premiers mouvements du prolétariat avait nécessairement un caractère réactionnaire
Proletaryanın bu ilk hareketlerine eşlik eden devrimci yazın, zorunlu olarak gerici bir karaktere sahipti

Cette littérature inculquait l'ascétisme universel et le nivellement social dans sa forme la plus grossière

Bu literatür, evrensel çileciliği ve sosyal seviyelendirmeyi en kaba biçimiyle telkin etti

Les systèmes socialistes et communistes, proprement dits, naissent au début de la période sous-développée

Sosyalist ve Komünist sistemler, doğru bir şekilde adlandırıldığında, gelişmemiş erken dönemde ortaya çıktı

Saint-Simon, Fourier, Owen et d'autres, ont décrit la lutte entre le prolétariat et la bourgeoisie (voir section 1)

Saint-Simon, Fourier, Owen ve diğerleri, proletarya ile burjuvazi arasındaki mücadeleyi tanımladılar (bakınız Kısım 1)

Les fondateurs de ces systèmes voient, en effet, les antagonismes de classe

Bu sistemlerin kurucuları, gerçekten de, sınıf karşıtlıklarını görürler

Ils voient aussi l'action des éléments en décomposition, dans la forme dominante de la société

Ayrıca, çürüyen unsurların eylemini, hakim toplum biçiminde görürler

Mais le prolétariat, encore à ses débuts, leur offre le spectacle d'une classe sans aucune initiative historique

Ama henüz emekleme aşamasında olan proletarya, onlara herhangi bir tarihsel inisiyatifi olmayan bir sınıf gösterisi sunuyor

Ils voient le spectacle d'une classe sociale sans aucun mouvement politique indépendant

Herhangi bir bağımsız siyasi hareketin olmadığı bir sosyal sınıfın gösterisini görüyorlar

Le développement de l'antagonisme de classe va de pair avec le développement de l'industrie

Sınıf karşıtlığının gelişmesi, sanayinin gelişmesine ayak uydurur

La situation économique ne leur offre donc pas encore les conditions matérielles de l'émancipation du prolétariat

Demek ki, ekonomik durum henüz onlara proletaryanın kurtuluşu için maddi koşulları sunmamaktadır

Ils cherchent donc une nouvelle science sociale, de nouvelles lois sociales, qui doivent créer ces conditions

Bu nedenle, bu koşulları yaratacak yeni bir sosyal bilimin, yeni sosyal yasaların peşinde koşarlar

l'action historique, c'est céder à leur action inventive personnelle

Tarihsel eylem, onların kişisel yaratıcı eylemlerine boyun eğmektir

Les conditions d'émancipation créées historiquement doivent céder la place à des conditions fantastiques

Tarihsel olarak yaratılmış özgürleşme koşulları, fantastik koşullara boyun eğmektir

et l'organisation de classe graduelle et spontanée du prolétariat doit céder la place à l'organisation de la société

Ve proletaryanın tedrici, kendiliğinden sınıf örgütlenmesi, toplumun örgütlenmesine boyun eğecektir

l'organisation de la société spécialement conçue par ces inventeurs

Bu mucitler tarafından özel olarak tasarlanan toplumun organizasyonu

L'histoire future se résout, à leurs yeux, dans la propagande et l'exécution pratique de leurs projets sociaux

Gelecek tarih, onların gözünde, toplumsal planlarının propagandasına ve pratik uygulamasına dönüşür

Dans l'élaboration de leurs plans, ils ont conscience de s'occuper avant tout des intérêts de la classe ouvrière

Onlar, planlarını oluştururken, esas olarak işçi sınıfının çıkarlarını gözetmenin bilincindedirler

Ce n'est que du point de vue d'être la classe la plus souffrante que le prolétariat existe pour eux

Proletarya ancak en çok acı çeken sınıf olma açısından onlar için var olur

L'état sous-développé de la lutte des classes et leur propre environnement informent leurs opinions

Sınıf mücadelesinin gelişmemiş durumu ve kendi çevreleri onların görüşlerini bilgilendirir

Les socialistes de ce genre se considèrent comme bien supérieurs à tous les antagonismes de classe

Bu tür sosyalistler kendilerini tüm sınıf karşıtlıklarından çok daha üstün görürler

Ils veulent améliorer la condition de tous les membres de la société, même celle des plus favorisés

Toplumun her üyesinin, hatta en çok tercih edilenlerin bile durumunu iyileştirmek istiyorlar

Par conséquent, ils s'adressent habituellement à la société dans son ensemble, sans distinction de classe

Bu nedenle, sınıf ayrımı yapmaksızın genel olarak topluma hitap etmeyi alışkanlık haline getirirler

Bien plus, ils font appel à la société dans son ensemble de préférence à la classe dirigeante

Hayır, egemen sınıfı tercih ederek toplumun geneline hitap ederler

Pour eux, tout ce qu'il faut, c'est que les autres comprennent leur système

Onlara göre, tek gereken başkalarının sistemlerini anlamasıdır

Car comment les gens peuvent-ils ne pas voir que le meilleur plan possible est le meilleur état possible de la société ?

Çünkü insanlar mümkün olan en iyi planın toplumun mümkün olan en iyi durumu için olduğunu nasıl göremezler?

C'est pourquoi ils rejettent toute action politique, et surtout toute action révolutionnaire

Bu nedenle, her türlü politik ve özellikle de tüm devrimci eylemleri reddederler

ils veulent arriver à leurs fins par des moyens pacifiques

amaçlarına barışçıl yollarla ulaşmak isterler

ils s'efforcent, par de petites expériences, qui sont nécessairement vouées à l'échec

Zorunlu olarak başarısızlığa mahkûm olan küçük deneylerle çabalarlar

et par la force de l'exemple, ils essaient d'ouvrir la voie au nouvel Évangile social

ve örnek gücüyle yeni sosyal Müjde'nin yolunu açmaya çalışırlar

De tels tableaux fantastiques de la société future, peints à une époque où le prolétariat est encore dans un état très sous-développé

Proletaryanın hala çok gelişmemiş bir durumda olduğu bir zamanda boyanmış, gelecekteki toplumun bu tür fantastik resimleri

et il n'a encore qu'une conception fantasmatique de sa propre position

Ve hala kendi konumu hakkında fantastik bir anlayışa sahiptir

Mais leurs premières aspirations instinctives correspondent aux aspirations du prolétariat

Ama onların ilk içgüdüsel özlemleri, proletaryanın özlemlerine tekabül eder

L'un et l'autre aspirent à une reconstruction générale de la société

Her ikisi de toplumun genel olarak yeniden inşası için can atıyor

Mais ces publications socialistes et communistes contiennent aussi un élément critique

Ancak bu Sosyalist ve Komünist yayınlar aynı zamanda eleştirel bir unsur da içermektedir

Ils s'attaquent à tous les principes de la société existante

Mevcut toplumun her ilkesine saldırıyorlar

C'est pourquoi ils sont remplis des matériaux les plus précieux pour l'illumination de la classe ouvrière

Bu nedenle, işçi sınıfının aydınlanması için en değerli malzemelerle doludurlar

Ils proposent l'abolition de la distinction entre la ville et la campagne, et la famille

Kasaba ve kır arasındaki ayrımın ve aile arasındaki ayrımın kaldırılmasını öneriyorlar

la suppression de l'exercice de l'industrie pour le compte des particuliers

Sanayilerin özel şahıslar hesabına yürütülmesinin kaldırılması

et l'abolition du salariat et la proclamation de l'harmonie sociale

ve ücret sisteminin kaldırılması ve sosyal uyumun ilan edilmesi

la transformation des fonctions de l'État en une simple surveillance de la production

Devletin işlevlerinin salt bir üretim denetimine dönüştürülmesi

Toutes ces propositions ne pointent que vers la disparition des antagonismes de classe

Bütün bu öneriler, yalnızca sınıf karşıtlıklarının ortadan kalkmasına işaret etmektedir

Les antagonismes de classe ne faisaient alors que surgir

Sınıf karşıtlıkları, o zamanlar, daha yeni yeni ortaya çıkıyordu

Dans ces publications, ces antagonismes de classe ne sont reconnus que dans leurs formes les plus anciennes, indistinctes et indéfinies

Bu yayınlarda, bu sınıf karşıtlıkları yalnızca en eski, belirsiz ve tanımlanmamış biçimleriyle tanınır

Ces propositions ont donc un caractère purement utopique

Bu nedenle, bu öneriler tamamen ütopik bir karaktere sahiptir

La signification du socialisme et du communisme critiques-utopiques est en relation inverse avec le développement historique

Eleştirel-Ütopik Sosyalizm ve Komünizmin önemi, tarihsel gelişmeyle ters bir ilişki içindedir

La lutte de classe moderne se développera et continuera à prendre une forme définitive

Modern sınıf mücadelesi gelişecek ve belirli bir şekil almaya devam edecektir

Cette réputation fantastique du concours perdra toute valeur pratique

Yarışmadaki bu harika duruş tüm pratik değerini kaybedecek

Ces attaques fantastiques contre les antagonismes de classe perdront toute justification théorique

Sınıf karşıtlıklarına yönelik bu fantastik saldırılar tüm teorik gerekçelerini yitirecektir

Les initiateurs de ces systèmes étaient, à bien des égards, révolutionnaires

Bu sistemlerin yaratıcıları birçok bakımdan devrimciydi

Mais leurs disciples n'ont, dans tous les cas, formé que des sectes réactionnaires

ama onların müritleri, her durumda, sadece gerici mezhepler oluşturmuşlardır

Ils s'en tiennent fermement aux vues originales de leurs maîtres

Efendilerinin orijinal görüşlerine sıkı sıkıya tutunurlar

Mais ces vues s'opposent au développement historique progressif du prolétariat

Ama bu görüşler proletaryanın ilerici tarihsel gelişimine karşıdır

Ils s'efforcent donc, et cela constamment, d'étouffer la lutte des classes

Bu nedenle, sürekli olarak sınıf mücadelesini köreltmeye çalışırlar

et ils s'efforcent constamment de concilier les antagonismes de classe

ve sürekli olarak sınıf karşıtlıklarını uzlaştırmaya çalışırlar

Ils rêvent encore de la réalisation expérimentale de leurs utopies sociales

Hala sosyal ütopyalarının deneysel olarak gerçekleştirilmesini hayal ediyorlar

ils rêvent encore de fonder des « phalanstères » isolés et d'établir des « colonies d'origine »

hala izole "falansterler" kurmayı ve "Ev Kolonileri" kurmayı hayal ediyorlar

ils rêvent de mettre en place une « Petite Icarie » – éditions duodecimo de la Nouvelle Jérusalem

Yeni Kudüs'ün duodecimo baskıları olan bir "Küçük İkarya" kurmayı hayal ediyorlar

Et ils rêvent de réaliser tous ces châteaux dans les airs

Ve tüm bu kaleleri havada gerçekleştirmeyi hayal ediyorlar

Ils sont obligés de faire appel aux sentiments et aux bourses des bourgeois

burjuvaların duygularına ve cüzdanlarına hitap etmek zorunda kalırlar

Peu à peu, ils s'enfoncent dans la catégorie des socialistes conservateurs réactionnaires décrits ci-dessus

Derece derece, yukarıda tasvir edilen gerici muhafazakar Sosyalistler kategorisine giriyorlar

ils ne diffèrent de ceux-ci que par une pédanterie plus systématique

Bunlardan sadece daha sistematik bilgiçlik ile ayrılırlar

et ils diffèrent par leur croyance fanatique et superstitieuse aux effets miraculeux de leur science sociale

ve sosyal bilimlerinin mucizevi etkilerine olan fanatik ve batıl inançlarıyla farklılık gösterirler

Ils s'opposent donc violemment à toute action politique de la part de la classe ouvrière

Bu nedenle onlar, işçi sınıfının her türlü siyasi eylemine şiddetle karşı çıkarlar

une telle action, selon eux, ne peut résulter que d'une incrédulité aveugle dans le nouvel Évangile

Onlara göre, böyle bir eylem ancak yeni İncil'e körü körüne inançsızlıktan kaynaklanabilir

Les owénistes en Angleterre et les fouriéristes en France s'opposent respectivement aux chartistes et aux réformistes

İngiltere'deki Owenites ve Fransa'daki Fourierciler, Çartistlere ve "Réformistes"e karşı çıkıyorlar

Position des communistes par rapport aux divers partis d'opposition existants

Komünistlerin Mevcut Çeşitli Muhalefet Partileri Karşısındaki Konumu

La section II a mis en évidence les relations des communistes avec les partis ouvriers existants

II. Bölüm, Komünistlerin mevcut işçi sınıfı partileriyle ilişkilerini açıklığa kavuşturmuştur

comme les chartistes en Angleterre et les réformateurs agraires en Amérique

İngiltere'deki Çartistler ve Amerika'daki Tarım Reformcuları gibi

Les communistes luttent pour la réalisation des objectifs immédiats

Komünistler acil hedeflere ulaşmak için savaşırlar

Ils luttent pour l'application des intérêts momentanés de la classe ouvrière

Onlar, işçi sınıfının anlık çıkarlarının dayatılması uğruna mücadele ederler

Mais dans le mouvement politique d'aujourd'hui, ils représentent et s'occupent aussi de l'avenir de ce mouvement

Ancak bugünün siyasi hareketinde, aynı zamanda bu hareketin geleceğini temsil eder ve onunla ilgilenirler

En France, les communistes s'allient avec les social-démocrates

Fransa'da Komünistler, Sosyal-Demokratlarla ittifak halindedirler

et ils se positionnent contre la bourgeoisie conservatrice et radicale

ve kendilerini muhafazakar ve radikal burjuvaziye karşı konumlandırıyorlar

cependant, ils se réservent le droit d'adopter une position critique à l'égard des phrases et des illusions traditionnellement héritées de la grande Révolution

bununla birlikte, geleneksel olarak büyük Devrim'den
aktarılan ifadeler ve yanılsamalar konusunda eleştirel bir
pozisyon alma hakkını saklı tutarlar
**En Suisse, ils soutiennent les radicaux, sans perdre de vue
que ce parti est composé d'éléments antagonistes**
İsviçre'de, bu partinin muhalif unsurlardan oluştuğu gerçeğini
gözden kaçırmadan Radikalleri destekliyorlar
**en partie des socialistes démocrates, au sens français du
terme, en partie de la bourgeoisie radicale**
kısmen Demokratik Sosyalistlerin, kısmen Fransız anlamında
radikal Burjuvazinin
**En Pologne, ils soutiennent le parti qui insiste sur la
révolution agraire comme condition première de
l'émancipation nationale**
Polonya'da, ulusal kurtuluşun temel koşulu olarak bir tarım
devriminde ısrar eden partiyi destekliyorlar
ce parti qui fomenta l'insurrection de Cracovie en 1846
1846'da Krakov ayaklanmasını kışkırtan parti
**En Allemagne, ils luttent avec la bourgeoisie chaque fois
qu'elle agit de manière révolutionnaire**
Almanya'da, ne zaman devrimci bir tarzda hareket etse,
burjuvazi ile birlikte savaşırlar
**contre la monarchie absolue, l'escroc féodal et la petite
bourgeoisie**
mutlak monarşiye, feodal yaverşiye ve küçük burjuvaziye
karşı
**Mais ils ne cessent jamais, un seul instant, inculquer à la
classe ouvrière une idée particulière**
Ama işçi sınıfına belirli bir fikri aşılamaktan bir an bile
vazgeçmezler
**la reconnaissance la plus claire possible de l'antagonisme
hostile entre la bourgeoisie et le prolétariat**
Burjuvazi ile proletarya arasındaki düşmanca karşıtlığın
mümkün olan en açık şekilde tanınması
**afin que les ouvriers allemands puissent immédiatement
utiliser les armes dont ils disposent**

böylece Alman işçileri ellerindeki silahları hemen kullanabilsinler

les conditions sociales et politiques que la bourgeoisie doit nécessairement introduire en même temps que sa suprématie

Burjuvazinin üstünlüğüyle birlikte zorunlu olarak ortaya koyması gereken toplumsal ve siyasal koşullar

la chute des classes réactionnaires en Allemagne est inévitable

Almanya'da gerici sınıfların çöküşü kaçınılmazdır

et alors la lutte contre la bourgeoisie elle-même peut commencer immédiatement

ve o zaman Burjuvazinin kendisine karşı mücadele hemen başlayabilir

Les communistes tournent leur attention principalement vers l'Allemagne, parce que ce pays est à la veille d'une révolution bourgeoise

Komünistler dikkatlerini esas olarak Almanya'ya çevirirler, çünkü bu ülke bir burjuva devriminin arifesindedir

une révolution qui ne manquera pas de s'accomplir dans des conditions plus avancées de la civilisation européenne

Avrupa uygarlığının daha ileri koşulları altında gerçekleştirilmesi kaçınılmaz olan bir devrim

Et elle ne manquera pas de se faire avec un prolétariat beaucoup plus développé

Ve çok daha gelişmiş bir proletarya ile gerçekleştirilmesi kaçınılmazdır

un prolétariat plus avancé que celui de l'Angleterre au XVIIe siècle, et celui de la France au XVIIIe siècle

on yedinci yüzyılda İngiltere'ninkinden ve on sekizinci yüzyılda Fransa'nınkinden daha ileri bir proletarya vardı

et parce que la révolution bourgeoise en Allemagne ne sera que le prélude d'une révolution prolétarienne qui suivra immédiatement

ve Almanya'daki Burjuva devrimi, hemen ardından gelen proleter devrimin başlangıcından başka bir şey olmayacağı için

Bref, partout les communistes soutiennent tout mouvement révolutionnaire contre l'ordre social et politique existant

Kısacası, Komünistler her yerde, mevcut toplumsal ve siyasal düzene karşı her devrimci hareketi destekarler

Dans tous ces mouvements, ils mettent au premier plan, comme la question maîtresse de chacun d'eux, la question de la propriété

Bütün bu hareketlerde, her birinin önde gelen sorunu olarak mülkiyet sorununu öne çıkarırlar

quel que soit son degré de développement dans ce pays à ce moment-là

o sırada o ülkedeki gelişmişlik derecesi ne olursa olsun

Enfin, ils œuvrent partout pour l'union et l'accord des partis démocratiques de tous les pays

Son olarak, her yerde tüm ülkelerin demokratik partilerinin birliği ve anlaşması için çalışırlar

Les communistes dédaignent de dissimuler leurs vues et leurs objectifs

Komünistler görüşlerini ve amaçlarını gizlemeye tenezzül etmezler

Ils déclarent ouvertement que leurs fins ne peuvent être atteintes que par le renversement par la force de toutes les conditions sociales existantes

Amaçlarına ancak mevcut tüm toplumsal koşulların zorla yıkılmasıyla ulaşılabileceğini açıkça ilan ederler

Que les classes dirigeantes tremblent devant une révolution communiste

Egemen sınıflar komünist bir devrim karşısında titresin

Les prolétaires n'ont rien d'autre à perdre que leurs chaînes

Proleterlerin zincirlerinden başka kaybedecek bir şeyleri yoktur

Ils ont un monde à gagner

Kazanacakları bir dünya var

TRAVAILLEURS DE TOUS LES PAYS, UNISSEZ-VOUS !
BÜTÜN ÜLKELERIN EMEKÇILERI, BIRLEŞIN!